돈황의 전설

돈황의 전설

초판 1쇄 인쇄 2006년 8월 2일
초판 1쇄 발행 2006년 8월 7일

지은이 정병윤
펴낸이 조윤숙
펴낸곳 문자향
신고번호 제 300-2001-48호
주소 서울 서대문구 남가좌동 124-313 / 2층
전화 02-303-3491
팩스 02-303-3492
이메일 munjahyang@korea.com

값 8,000원
ISBN 89-90535-29-8 03910

돈황의
전설

정병윤 지음

문자향

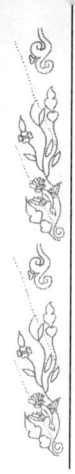

서문

　명색이 대학에서 중국문학을 전공했다는 내가 중국문학사에서도 등장하는 돈황이란 지명을 처음 들었던 것은 부끄럽게도 졸업을 앞둔 4학년 2학기 한 친구를 통해서였다. 당시 나는 무슨 고상하고 야심 찬 목표라도 있는 양, 취직 자리 구하느라 동분서주하는 다른 동기들을 안쓰러운 모습으로 바라보며 제법 과장된 과묵 속에서 대학에서의 마지막 가을을 보내고 있었다. 지금 생각해보면 그것은 일종의 허세거나 다른 곳에서 보고 들은 것의 흉내에 지나지 않는 것 같다. 당시 나는 삶의 목표는커녕 코앞에 닥친 졸업 후의 진로에 대해서조차도 세워진 바 없는 의식의 공백과도 같은 상태에 있었기 때문이다.

　부유하는 듯한 생활을 하던 내가 어렴풋하나마 진로를 설정할 수 있었던 것은 한 친구와의 갑작스런 사귐을 통해서였다. 같은 학교 같은 과 같은 학년(같은 학번은 아니었다)을 다니고는 있었지만 그때까지 그는 마주치면 그저 눈인사만 주고받는 사이에 불과했다. 어떤 계기로 그와 가까워지기 시작했는지는 모르겠지만, 당시 난 '급조된' 그 친구와 그 학기가 끝날 때까지 제법 장시간 깊이 있는 대화를 나누었다. 교내 미네르바 동산과 광릉수목원을 거닐며 그때

나는 처음으로 그를 통해 돈황을 들었고 돈황을 이해했으며 돈황을 꿈꾸기 시작했다.

"사막 한가운데 있는 막고굴을 관리하는 왕원록은 어느 날 한 동굴 속에 앉아 여느 때처럼 담배를 피우며 휴식을 취하던 중 문득 담배연기가 벽 속으로 빨려 들어가는 것을 보았다. 이상히 여긴 그가 손으로 벽을 두드려보니 통통거리는 게 안이 비어 있음이 분명했다. 잔뜩 호기심이 발동한 왕이 벽 한쪽을 파다 보니 그쪽 벽면 전체가 와르르 무너져 내리며 작은 동굴이 나타났고, 그속에는 놀랍게도 수천 수만 권의 고대문서가 빼곡히 쌓여 있었다!"

이 이야기를 들었을 때 난 마치 내가 그 석굴 관리인이라도 되는 양 짜릿한 흥분과 감격에 휩싸였었다. 중국의 다른 고고학적 발견 체험담에서는 결코 느껴보지 못하는 강렬한 충격이었다. 지금까지도 강단에서 이 얘기를 학생들에게 들려줄 때면 난 야릇한 전율을 느끼곤 한다. 대학원에 진학하여 돈황을 연구하겠다는 생각을 갖게 된 것은 순전히 그 친구의 돈황담敦煌談 때문이었다.

내가 돈황을 공부한 지 강산이 한 번 바뀌고도 여러 해가 지나는 동안 난 돈황에 딱 두 번 가보았다. 1995년 여름과 2004년 여름. 1995년에는 돈황학을 공부하는 사람 몇과 팀을 이뤄 중국의 실크로드(천산남로) 구간 전체를 돌아보는 일정이었기에 돈황에 머무를 시간은 불과 이틀에 지나지 않았다. 투르판과 우루무치를 거쳐 카스카르, 쿤제라브 고개를 넘어 파키스탄의 훈자와 길기트로 이어지는 긴 여정을 소화해내기만도 벅찼다. 나의 관심의 영역을 돈황에서 실크로드 전역으로 확대시켜주는 계기가 된 여행이었지만, 돈황을 깊이 있게 보고 이해하기엔 돈황에서 머문 이틀이란 시간은 턱없이 부족했다. 2004년의 두 번째 돈황유敦煌遊는 그 아쉬움과 부족함을 메우기 위해서였다.

돈황은 실크로드의 정점頂點이다. 돈황을 모르고서 실크로드를 이해한다는 것은 어불성설이다. 돈황이 천산북로, 천산남로, 서역남로라는 실크로드 세 갈래 간선의 요충지라는 지리적 위치를 그 이유로 들먹이는 것은 차라리 따분하기만 하다. 우선 가서 보시라. 그러면 왜 그곳이 실크로드의 정점이라 내가 감히 주장하는지 알 수 있을 것이다. 그러나 거기에는 돈황을 가슴으로 느껴보고 싶다는 마음가짐이 반드시 갖춰져야 한다는 단서가 붙는다. 그러한 마음가짐은 돈황을 꿈꿀 수 있음으로써 가능하고, 돈황에의 꿈은 돈황을 알아야만 가능하다. 그러지 않고서는 백 번 가도 허탕이다.

『돈황의 전설』을 기획한 것은 바로 이 때문이다. 실크로드의 정점 돈황을 알고, 돈황을 꿈꿀 수 있게 하고, 또 돈황을 가슴으로 느껴보고 싶은 마음을 독자들에게 심어주고자 함이다. 돈황은 전역이 박물관이자 유적지다. 남아 있는 자취 하나하나에는 옛 돈황인들의 삶의 애환과 염원이 깃들어 있고 실크로드를 오가는 대상隊商들의 고충과 낭만이 서려 있다. 대상에 숨어 있는 내력을 알고 보느냐 그렇지 않느냐는 그 여행의 성패를 판가름한다. 알면 달리 보이는 법이다.

전설은 오랜 세월을 거치는 동안 민간에서 자연발생적으로 생겨난 것이다. 따라서 전설을 수집하는 가장 직접적이면서 확실한 방법은 당연히 현지에서의 채록이다. 그러나 여기에는 시간과 비용뿐만 아니라 해당 지역 언어(방언 포함)에 정통해야 한다는 현실적인 문제가 따른다. 어느 것 하나 내게는 충족되는 게 없다. 그래서 돈황 현지에서 거둬들인 소책자(진옥陳鈺의 『돈황적고사敦煌的故事』, 염국권閻國權의 『대막기관돈황大漠奇觀敦煌』, 산천고석山泉古石의 『돈황명승고적』 등)와 인터넷 자료를 참조하여 꾸려낼 수밖에 없었다. 내용 곳곳에 실린 사진들은 대부분 필자가 2004년 여름 돈황에서 열흘 동안 체류하면서 찍은 것들이다. 매 편의 전설 뒤에는 해당 유적지와 관련되어 필자가 조사한 바의 사실 가운데 알아두어 유용한 정보들을 첨부하였고 필자의 경험담도 일부 덧붙였다. 독자들의 이해에 조금이나마 도움이 될까 해서다.

아무쪼록 이 『돈황의 전설』이 주요 세계문화유산의 하나인 돈황을 이해하는 데 뜻 있는 길잡이가 되길 바라면서 출판을 허락해주신 문자향의 조윤숙 사장님께 감사드리고, 아울러 이 책이 나오기까지 실무를 맡아주신 남현희 편집장님께 고마움을 전한다.

2006년 5월 모악산 자락에서

차례

9

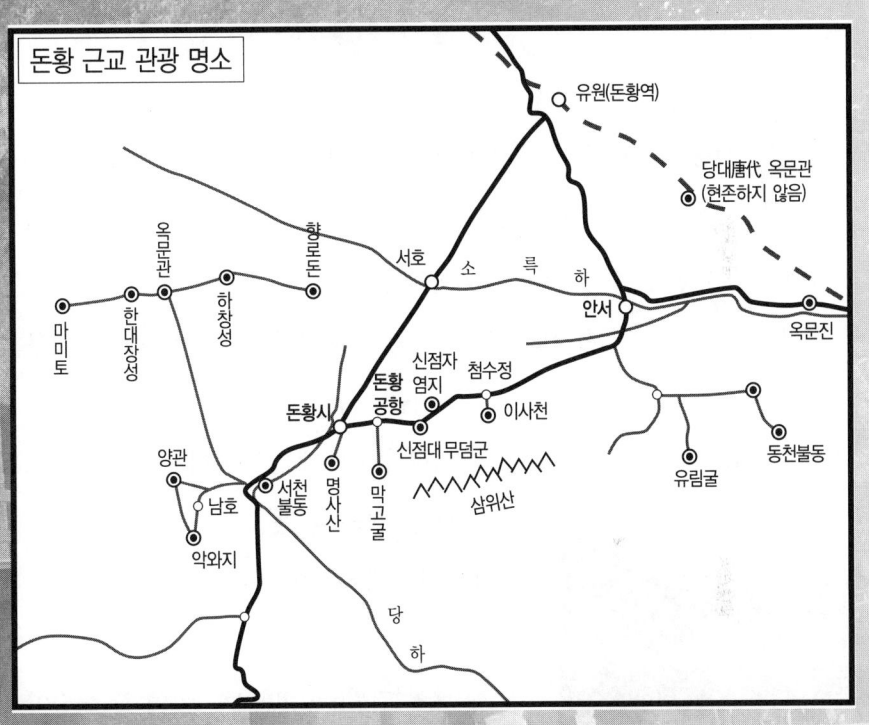

돈황 근교 관광 명소

유원(돈황역)

당대唐代 옥문관
(현존하지 않음)

옥문진

마미토
한대장성
옥문관
하창성
황로돈돈
서호
소　륵　하
안서

동천불동
유림굴

신점자
염지
첨수정
돈황
공항
돈황시
이사천
신점대 무덤군

삼위산

양관
남호
서천
불동
명사산
막고굴

악와지

당　하

삼위산三危山에 불광佛光이 나타나다 – 막고굴莫高窟의 개착

막고굴은 대천하大泉河[1]를 사이에 두고 삼위산과 마주하고 있는 명사산 동쪽 끝자락 절벽에 위치하고 있다. 전하는 바에 의하면, 그 옛날 이곳에는 단지 한 줄기 대천하만이 깎아지른 절벽 아래를 흐르고 있었을 뿐 동굴이라고는 아예 존재하지도 않았다. 양측 강 언덕에는 수양버들과 오동나무가 무성히 자라고 갈대와 억새풀이 군락을 이루며 각종 날짐승과 들짐승들만이 수시로 출몰하는, 인적 드물고 적막하기 이를 데 없는 곳이었다. 이러한 고적한 곳에 처음으로 동굴을 파고 부처를 모실 생각을 한 사람은 과연 누구였을까?

전진前秦 건원建元 2년(서기 366)에 한 노승이 제자들로 보이는 젊은 승려 몇을 대동하고 서역으로 불경을 구하러 가는 길에 돈황에 이르렀다. 삼위산의 샘물을 마셔야만 일망무제의 대사막을 건널 수 있다는 말을 들은 노승은 동행하

삼위산. 막고굴 맞은편에서부터 동쪽으로 30㎞에 걸쳐 펼쳐져 있다.

던 세 명의 제자를 그리로 보내 물을 길어오도록 시켰다. 때는 바야흐로 한여름이었던지라 고비사막의 갈증과 배고픔을 이겨내지 못한 첫째 제자와 둘째 제자는 이런저런 이유로 중도에 되돌아와 버리고 오직 셋째 제자만이 꿋꿋하게 나귀를 몰아 삼위산으로 향했다.

뜨겁게 작열하는 사막의 태양을 머리 위에 이고 갈증과 허기에 허덕이면서 몇날 며칠을 걷고 또 걸어 그는 마침내 큰 강이 내려다보이는 한 언덕에 이르렀다. 풀 한 포기 자라지 않는 고비사막에서 뜻밖에도 청록색의 수목과 졸졸거리는 물소리를 접하자 말할 수 없는 상쾌함이 그의 가슴속에 스며들었다. 한달음에 숲을 가로질러 강가로 달려가서는 맨손으로 강물을 떠서 벌컥벌컥 마셨다.

갈증도 풀고 어느 정도 허기도 때운 뒤 보드라운 모래사장 위에 주저앉아 잠시 쉬고 있던 그가 문득 머리를 들어 하늘을 바라봤다. 어느덧 서산 너머로 태양이 뉘엿뉘엿 기울고 있었다. 무심코 고개 돌려 삼위산을 바라보던 그는

---

1) 막고굴 앞을 흐르는 강으로 탕천수宕泉水라고도 함.

대천하. 여름철에는 상류에서 물을 막아 바닥이 드러나 있다.

깜짝 놀라지 않을 수 없었다. 조금 전까지만 해도 그저 벌건 민둥산에 불과했던 뭇 봉우리들이 황금색의 휘황찬란한 빛을 발산하고 있었던 것이다. 곧이어 더욱 놀라운 일이 벌어졌다. 산 위 허공에서 오색의 찬란한 빛이 반짝이더니 이내 만 갈래 황금빛으로 변하고 그 빛 가운데에는 거대한 미륵불이 자줏빛 연기가 감도는 다층의 누각에서 수많은 보살들에 둘러싸인 채 가부좌를 틀고 앉아 있는 것이었다. 그리고 그 위로는 아리따운 자태의 천녀들이 여러 가지 악기들을 연주하고 있는데, 연화선녀는 긴 오색 띠를 나풀거리며 나울나울 춤을 추고 있었고, 백화선녀는 허공을 날며 그들을 향해 오색 현란한 꽃잎을 흩날리고 있었다.

잠시 후 그러한 광경은 서서히 사라지더니 아무것도 보이지 않게 되었다. 그제야 정신을 차리고 보니 날이 이미 저물어 있었다. 그는 조금 전에 자신이 목도한 기이한 광경을 회상해보던 중 한 가지 생각이 퍼뜩 머릿속을 스치고 지나갔다.

'스승님과 우리가 갖은 고생을 다 겪으며 구하려던 서천의 극락세계는 바로 이곳 삼위산이 아닌가? 이곳을 놔두고 어디 가서 찾는다는 말인가?'

그리고 그는 한 가지 묘안을 떠올렸다. 그것은 바로 산 맞은 편 석벽에다 동굴을 파고 그 안에다 방금 자신이 본 부처와 보살의 像을 세우고, 여타의 뭇

선녀들의 모습을 비롯한 기이한 광경들을 그림으로 그려두고, 그곳에서 부처님께 예불을 올리며 수행을 하자는 생각이었다.

어려서부터 유달리 배움을 좋아했던 그는 착암鑿巖, 소조, 회화 등의 기예에 정통하였다. 첫째 날, 그는 적당한 장소를 고른 뒤 가지고 온 정과 쇠망치로 작업을 시작하였다. 뚝딱뚝딱, 고요하기만 하던 이곳에 느닷없는 그의 작업 소리는 근처에 깃들어 살던 새와 짐승들을 깜짝 놀라게 하였다. 그리하여 호기심에 찬 여러 동물들이 그리로 모여들었는데, 그들은 모두 하나같이 총명하여 그의 작업을 도울 줄 알았다. 황양黃羊은 커다란 바윗덩이를 나르고 흰 토끼는 작은 돌 조각을 날랐다. 이렇게 만 하루 동안의 작업 끝에 그는 마침내 그럴듯한 동굴 하나를 뚫을 수 있었다.

둘째 날에는 진흙을 이겨 벽을 바르고 불상을 빚었다. 진흙을 이기고 그것을 운반할 공구가 없어 애를 먹고 있을 때, 멧돼지 한 무리가 다가와 주둥이로 진흙을 이겨주었고, 또 제비와 참새 떼가 날아와 진흙을 날라주었다. 동물들의 이 같은 도움으로 그는 매끄럽고 평평하게 벽을 바를 수 있었고 불상 역시 살아서 움직일 듯 생생하게 빚을 수가 있었다.

셋째 날에는 벽에 그림을 그렸다. 당시 그는 그림붓만을 지니고 있었을 뿐 물감은 깜박 잊고 가져오지 않았다. 당장 어디 가서 구할 데도 없어 한참 난감해하고 있을 때 돌연 수많은 새들이 어지러이 그 앞에 날아들었다. 자세히 들여다보니 금계金鷄는 금색 자갈, 설계雪鷄는 은색 자갈, 꿩은 적색 자갈, 까치는 흑색 자갈, 종달새는 녹색 자갈, 비둘기는 남색 자갈을 물고 있었다. 이렇게 색색의 빛깔을 고루 갖추게 되자 그는 기뻐 어쩔 줄 몰랐다. 서둘러 물을 묻혀 자갈을 곱게 갈고 이들을 배합하여 색깔을 만든 다음 그림을 그리기 시작하였다.

그날 목격하였던 선산仙山의 누각과 불보살을 공 들여 화폭에 담은 다음, 그는 텅 비어 있는 화폭의 가장자리를 바라보며 무엇을 그려 넣어야 할지 몰라 잠시 고민에 빠졌다.

'이번 일에 날짐승과 길짐승들이 많은 도움을 주었으니 그들을 그려 넣자. 그들은 총명할 뿐더러 신성神性을 지녔을지도 모르잖은가!'

이에 그 동물들을 모두 화폭 속에 그려 담으니 그 모습들이 한결같이 살아 움직이는 듯하였다. 기뻐 어쩔 줄 모르고 깡충깡충 뛰어다니는 토끼들하며, 좋아라 깡둥깡둥 내달리는 황양黃羊하며, 재잘대며 하늘을 빙빙 선회하는 각

삼위산 낙준당과 그 안의 벽화들
❶ 낙준당 현판 ❷ 삼위산에서 지근이 물을 구하다. '三危山智勤尋水'란 문구가 적혀 있다. ❸ 석굴을 개착하고 불상을 만들다. ❹ 지근이 벽화를 그리다.

종 날짐승하며, 하나같이 흥미롭기 그지없는 모습들이었다.

한편 며칠이 지나도 셋째 제자가 돌아오지 않자 애가 탈 대로 탄 노승은 다른 두 제자를 데리고 그를 찾으러 나섰다. 그리고 마침내 대천하 골짜기에서 제자를 만났고, 그에게서 삼위산 황금빛 부처의 현시顯示에 관한 놀라운 이야기를 들었다. 게다가 또 그가 만들어놓은 석굴이며 불상이며 벽화를 접하자 여간 기쁘고 흐뭇한 게 아니었다.

"고행 없이 진경眞經을 얻을 수는 없는 법! 내 평생 너희 셋을 제자로 거두어들였는데 이제 보니 셋째만이 재목材木이로구나!"

노승은 첫째 제자와 둘째 제자를 돌아보며 꾸짖듯 말하였다. 그리고 서천행을 중지하고 그곳에서 석굴을 파고 부처를 모시며 수행하기로 결심하였다. 이 노승의 이름은 낙준樂傳이라 하였고, 셋째 제자의 이름은 지근智勤이라 하였다.

이상은 낙준의 제자인 지근이 막고굴을 처음 뚫게 된 경위이다. 그러나 오늘날에는 처음으로 석굴을 개착한 이가 낙준으로 알려져 있는데, 이는 어찌 된 일일까? 그것은 석굴 개착에 대한 공로로 스승으로부터 두터운 신임을 받고 있는 지근을 시기한 그의 사형이 비문을 적을 때 스승인 낙준이 삼위산의 황금빛을 본 것으로 바꿔버린 까닭이다. 마음이 너그럽고 도량이 큰 지근은 그 일에 전혀 개의치 않았다. 그리하여 낙준이라는 이름은 세상에 전해내려 왔지만 지근이라는 이름은 안타깝게도 사람들에게 알려지지 못했다.

낙준의 막고굴 개창에 관한 기록으로는 현재 몇 종의 자료가 전해온다. 그 가운데 시기적으로 가장 이르면서 믿을 만한 것으로는 무주武周 성력聖曆 원년(698)에 건립된 〈대주이군막고굴불감비大周李君莫高窟佛龕碑〉(약칭 〈성력비聖曆碑〉)이다. 이 비문으로 인하여 막고굴을 처음 개착한 사람은 낙준으로 알려지게 되었고, 이 점은 오늘날의 돈황학계에서도 의심의 여지가 없는 정설로 받아들여지고 있다. 그리하여 막고굴이 한눈에 내려다뵈는 맞은편 삼위산 봉우리에는 '지근당'이 아닌 '낙준당'이 세워져 있다. 막고굴의 실제 개창자일지도 모르는 지근의 입장에서 보자면 안타까운 광경이 아닐 수 없겠다.

하지만 지근을 위해 그나마 다행이랄 것은, 그 낙준당 안에 "삼위산지근심수三危山智勤尋水"라는 글귀와 함께 지근이 삼위산에서 물을 구하고 천인天人의 현시를 목도하는 등의 내용을 담은 벽화가 그려져 있다는 사실이다. 지근이라는 인물의 실존 여부를 확인할 길은 없지만, 일선에서 손수 작업을 추진한 무명의 인물 대신에 기득권을 지닌 주위의 제3의 인물이 작업의 열매를 오로지하거나, 그의 절대적인 공인 양(자기가 원하든 원하지 않든 간에) 치부되는 현실에 비추어볼 때, 지근이 실질적인 막고굴의 창건자라는 이 전설은 그렇게 터무니없어 보이지만은 않는다. 따라서 우리는 낙준이라는 인물과 함께 지근이라는 이름도 기억해둘 필요가 있겠다.

지근이 당시 삼위산에서 보았다는 휘황찬란한 황금빛의 불보살과 선녀들은 일종의 환영일 것이다. 삼위산은 광물질이 풍부한 토양에다가 산에 나무 한 그루 없는 민둥산이라 평상시 보기에도 불그스름한 빛을 띠고 있다. 그러한 삼위산이 석양의 붉은 빛을 받아 반사되면 황금색의 반짝이는 찬란한 빛을 띠게 된다. 이는 오늘날에도 여전하다.

　지근(혹은 낙준)이 불광을 목도한 곳이 삼위산 상공이었다는 점으로 인해 막고굴이 삼위산에 있는 것으로 착각하고 있는 사람이 많다. 심지어는 돈황학을 연구하고 돈황에 수차례 다녀온 사람들조차도 그렇게 오해하는 경우를 필자는 보았다. 불광이 목격된 곳은 삼위산이었지만 그가 석굴을 팠던 곳은 삼위산 맞은편 석벽, 즉 명사산이다. 지근이 목을 축이고 쉬던 대천하를 사이에 두고 양측으로 삼위산과 명사산이 마주보고 있음을 상기하면 이해할 수 있을 것이다.

삼위 형제가 하늘개(天狗)를 내몰다 산으로 화하다 – 삼위산

그옛날 삼위산은 지금과 같이 우뚝 솟은 세 봉우리 같은 것은 없었으며, 이름도 삼위산이 아니라 우척량산牛脊梁山이라 불렸다. 이 우척량산 상공에는 낮에는 태양이 밤에는 달님이 걸려 있어 온 산을 환하게 비춰주었다. 그러던 어느 날 우척량산 위의 태양과 달이 홀연 사라지며 주위는 온통 칠흑 같은 어둠 속에 휩싸였다. 차가운 기운을 내뿜는 별들만이 일없이 반짝일 뿐 낮은 없고 캄캄한 밤만이 계속되었다.

태양과 달이 사라짐으로 인한 피해는 어둠 자체만이 아니었다. 해가 없으니 하늘과 땅이 얼어붙어 갈라지고 차가운 바람만 휘휘 불어대어 만물이 자랄 수 없었으며, 또 달이 없으니 절기도 시각도 알 수 없게 되어 사람들은 정상적인 삶을 영위할 수 없었다. 이리하여 사람들은 깊은 근심에 빠졌다.

태양과 달은 도대체 어디로 사라진 것일까? 이리 저리 수소문을 한 끝에 사람들은 우척량산에 사는 산 신령으로부터 모든 것이 하늘개가 저지른 짓임을

산해경에 나오는 하늘개

알았다. 오래 전부터 태양과 달을 집어삼킬 궁리만 하고 있던 이 개가 이날 태양과 달이 우척량산 위에 걸려 있다는 말을 듣고 슬금슬금 산으로 기어올라 태양과 달을 냅다 입에 물고는 깊은 동굴 속으로 숨어버린 것이다. 이 광경은 우척량산의 산신령에게 목격되었지만 대단찮은 능력의 그로서는 어찌해볼 도리가 없었다.

우척량산의 산신령한테서 사건의 경위를 전해들은 사람들은 웅성거리며 태양과 달을 되찾을 방도를 궁리하였다. 당시 그 마을에는 대위大危, 이위二危, 삼위三危라 불리는 삼형제가 살고 있었다. 어려서부터 무예를 익혀온 터라 무술 실력이 뛰어난 그들은 가가호호 찾아다니며 온 마을 주민이 한 덩어리가 되어 이 개를 쫓아버릴 것을 호소하였다.

며칠 후 삼위 형제를 비롯한 수천 수만의 마을 주민들이 모여들었다. 각자의 손에는 칼이며 횃불이 들려 있었다. 산신령의 인도 아래 하늘개가 숨어들어간 우척량산의 동굴 앞에 도착한 그들은 당장이라도 동굴로 뛰어들어갈 듯 고함을 지르며 하늘개를 을러댔다.

동굴 안에 있던 하늘개는 천지를 진동하는 듯한 요란한 소리를 듣고 뭔가 심상치 않은 일이 발생했음을 알았다. 겁에 질려 벌벌 떨며 동굴 입구 쪽으로 다가가 슬쩍 바깥을 내다보았다. 초롱이며 횃불에서 뿜어져 나오는 불빛으로 바깥은 아무것도 보이지 않았다. 다만 불빛에 의해 반사되는 칼과 창과 몽둥이의 차가운 광선만이 그 사이로 무수히 보일 뿐이었다. 도무지 얼마나 많은 사람들이 몰려왔는지 알 수가 없었다. 이 흉흉한 기세에 하늘개는 꼬랑지를 내리고 냅다 달아났다. 그러나 하늘개가 그냥 달아나도록 내버려둘 리 없는 삼위 형제였다. 손놀림이 빠르고 눈매가 날카로운 맏형 대위가 단칼에 꼬리를 반쯤 잘라버리니 하늘개는 깨갱거리며 반 남은 꽁지를 말아 올린 채 번개처럼 내뺐다.

태양과 달은 되살아났고 우척량산은 다시 이전처럼 밝아졌다. 그러나 교활하기 짝이 없는 하늘개는 태양과 달에 대한 미련을 버리지 못했다. 며칠 동안 숨어 있다가 사람들이 산을 내려가는 것을 보고 또다시 태양과 달을 훔쳐 달아났다. 이 사실을 안 삼위 형제는 다시 마을 주민들을 이끌고 와서 태양과 달을 구해냈다. 한 번 또 한 번, 이런 식의 빼앗기고 되찾는 과정이 되풀이되었다. 그러다 보니 주민들은 도무지 제대로 쉴 수 없었을 뿐더러 안심하고 생업에 종사할 수도 없었다. 언제까지나 이렇게 살아갈 수만은 없다 여긴 삼위 형제는 태양과 달을 보호하고 또 주민들의 안락한 생활을 위해 아예 산에서 온종일 망을 보며 다시는 산 아래로 내려가지 않았다. 이들 삼형제의 헌신 덕에 하늘개는 더 이상 모습을 드러내지 못했고 태양과 달이 제때 뜨고 지니 사람들은 예전처럼 평안하고 행복한 나날을 보낼 수 있게 되었다.

오랜 세월이 흘러 우척량산 위에 서서 태양과 달을 보호하던 삼위 형제는 거대하게 우뚝 솟은 세 개의 봉우리로 화하였다. 주민들의 평온한 삶을 위해 일신의 안위를 희생한 이들 형제의 공로를 기념하기 위해 사람들은 우척량산을 삼위산이라 고쳐 불렀다.

하늘개(天狗)는 모양이 너구리(혹은 표범) 같고 머리는 희며 '유유' 하고 운다는 중국 신화 속 짐승이다. 하늘개가 해를 삼키려다 너무 뜨거워 도로 내뱉음으로써 일식이 일어나고, 달을 삼키려다 너무 차가워 내뱉음으로써 월식이 일어난다는 우리의 전래동화를 떠올리게 하는 전설이다.

막고굴에서 바라본 삼위산

삼위 형제가 변한 거대한 세 개의 봉우리가 있다 하여 삼위산이라 부르게 되었다는데, 사실 삼위산은 세 개가 아닌 비슷한 높이의 수많은 봉우리들로 이루어져 있다. 한 봉우리에 올라 주위를 살펴보아도 전설에서 말하는 세 봉우리가 어떤 것을 말하는 것인지 알 길이 없다. 혹자는 막고굴 앞에서 바라다본 삼위산의 세 봉우리를 말한다고 하는데, 그 역시 필자가 보기에는 그다지 뚜렷하지 않다.

우물 속에서 끊임없이 안료가 솟다 - 오색 소녀와 오색 우물

막고굴의 현존하는 492개의 동굴은 천정에서 사방 벽까지, 그리고 동굴 입구에서 부처의 감실에 이르기까지 온통 화려한 채색화로 둘러싸여 있다. 마치 화려한 화원에라도 들어선 듯한 느낌을 줄 만큼 선명하고 아름다운 빛깔들이다. 벽화의 총 면적이 4만5천여 제곱미터에 달한다고 하니, 이 말은 바꿔 말하면 벽화들을 일렬로 나열해놓았을 경우 높이 1미터의 그림이 자그마치 45킬로미터에 이른다는 말이다.

이처럼 많은 벽화를 그리려면 아주 많은 양의 안료가 필요했을 터인데 대체 그 안료들은 어디서 구한 것일까? 돈황 현지의 화공들 사이에서 전해오는 한 총명하고 아름다운 오색소녀의 이야기는 그 의문에 대한 해답을 제공해준다.

당唐 정관貞觀 연간 불교의 기세는 대단하여 대천하 강가의 명사산 절벽에는 크고 작은 석굴을 뚫는 선남선녀들로 북적거렸는데, 성대하기가 마치 사월 초파일 연등놀이하는 듯하였다. 남북으로 뻗은 깎아지른 듯한 절벽 면에 벌집 같은 석굴들이 여러 층으로 다닥다닥 들어서고 있었다. 석굴 조영에 직접 참

여하는 화공과 석공, 목수들이 먹는 소금의 양만도 하루에 한 섬 두 말에 달했다 하니 그 공사의 엄청난 규모를 짐작할 수 있을 것이다.

당시의 화공 가운데 장씨 성을 가진 자가 있었다. 그림 솜씨가 대단했던 그는 한번 화필을 휘두르면 화폭 위의 동물들이 살아서 움직이는 듯하였고 산수풍경이 실제 눈앞에 펼쳐지는 듯하였다. 그러나 그는 불행히도 아내를 일찌감치 여의고 '오색'이라는 이름의 외동딸과 함께 단출하게 세상을 살아오고 있었다. 홀아버지 밑에서 자란 탓인지 오색소녀 역시 그런 부친을 잘 따르고 그의 작업을 곧잘 도울 줄 알았다. 그림을 그리는 부친 옆에서 안료 접시를 들고 있기도 하고 화필을 건네기도 하고 차茶를 내리기도 하였는데, 그러는 사이 차츰 그녀도 그림에 빠져들게 되었다. 그 아버지에 그 딸이라던가, 뛰어난 부친의 가르침도 가르침이었지만 나이 열여섯에 그녀는 이미 부친의 유능한 제자이자 조수로서 그 몫을 톡톡히 해낼 만큼 솜씨가 자라 있었다. 그런 그녀가 막 고굴의 대규모 토목공사에 늙은 부친을 따라간 것은 당연하였다. 그들은 바람이 술술 부는 동굴 안에서 먹고 자며 오직 화필과 안료 접시와 씨름하며 아침부터 밤늦게까지 그림을 그리는 데 매달렸다.

장 화공이 딸 오색을 포함한 세 명의 제자들과 함께 작업중인 석굴은, 사주군沙州郡 조 대인曹大人의 시주로 꼬박 이태 동안의 공사 끝에 조영된 것으로서, 주실主室의 크기만도 세 칸이나 되었다. 그들은 희미한 등불을 켜들고 허공에 매달려 있는 발판에 서서 그림을 그렸다. 그렇게 그리고 또 그리기를 두 달, 이제 겨우 석벽의 절반만을 완성했을 무렵 그들은 작업을 중단하지 않을 수 없었다. 그림 그리는 데 필요한 안료가 바닥이 났기 때문이었다.

막고굴이 개착되기 시작한 처음 얼마 동안은 벽화를 그리는 데 필요한 안료는 모두 삼위산으로부터 공급되었는데, 세월이 흘러 그곳의 안료가 동이 난 후로는 장안에서 돌아오는 대상隊商들이 안료의 유일한 공급원이 되고 있었다. 그전만 해도 한 해에 기껏해야 두세 개의 석굴이 개착되었기에 내지로부터 실려오는 안료만으로도 충분했었는데, 갑작스레 일어난 석굴 개착 붐으로 그 수요가 급증하니 자연스레 공급은 딸리고 가격은 치솟았다. 폭등하는 가격이야 그렇다손 치더라도 안료의 결핍은 화공들로 하여금 더 이상 그림을 그려 나갈 수 없게 하였다. 얼마의 일손과 돈과 시간을 들여 언제까지 완공할 것인지를 미리 석굴의 공양주와 계약을 맺은 화공들은 걱정에 휩싸였다. 계약했던 것보다 돈을 더 많이 쓴다거나 완공 일자를 늦춘다는 것은 공양주로서는 받아들일 수 없는 일이었다.

장 화공이 도맡고 있는 석굴은 조 대인이 석탄일 당일, 즉 사월초파일에 이곳에서 석굴 완공식과 함께 기념 예불을 올리기로 되어 있었기에 반드시 초이레 이내에 모든 작업을 끝내야만 했다. 약정일까지 이제 겨우 달포 남짓 남았을 뿐인데 안료를 도무지 구할 길이 없었다. 장 화공은 초조하다 못해 은근히 부아마저 치밀었다. 오색 소녀 역시 조급한 마음에 안료를 좀 찾아볼 요량으로 수차례 삼위산을 뒤지기도 했으나 매번 빈손으로 되돌아왔다.

'써도 써도 다 쓰지 못하는 안료 산이 있다면 얼마나 좋을까? 그러면 아버지와 화공들은 걱정하지 않아도 될 텐데!'

그녀는 낮 동안 줄곧 그 같은 생각에 잠겨 있었다.

주사야몽晝思夜夢이라더니, 그날 밤 오색 소녀는 기이한 꿈을 꾸었다. 꿈속에서 그녀는 홀로 삼위산으로 안료를 찾으러 갔다. 걷고 또 걸어 이전에 안료를 캐낸 적이 있던 골짜기에 이르렀다. 주위를 둘러보니 여러 가지 빛깔의 안료들이 여기저기 널려 있었는데, 그녀가 몸을 굽혀 그것들을 주우려고만 하면 안료들은 땅속으로 스며들어 버리는 것이었다. 그녀는 손으로 땅을 파기 시작했다. 열 손톱이 모두 닳아 없어지고 손끝에서 피가 줄줄 흐를 정도로 파고 또 팠지만 안료는 조금도 나타나지 않았다.

'손톱이 없어졌으니 앞으로 어떻게 밥을 짓고 또 그림을 그리나?'

그녀는 슬퍼서 훌쩍훌쩍 울기 시작하였다. 한참을 그렇게 울고 있는데 돌연 황금빛 햇살이 그녀를 비쳐왔다. 고개를 들어 보니 높다랗게 틀어 올린 머리에 보관寶冠을 쓰고 천의天衣를 입은 보살이 두 손에 보병寶瓶을 받쳐든 채 두 연꽃동자의 호위를 받으며 자신을 향해 걸어오는 것이었다.

'아, 이분은 내가 늘 그림 그려왔던 관음보살님이 아니신가!'

"오색 소녀여, 울지 말지어다. 그대의 곤경을 내 잘 알고 있다. 이 산에 아무리 써도 마르지 않는 안료가 있는 곳이 있는데, 그것을 캐러 갈 용기가 그대에게 있는지 모르겠구나."

관음보살이 그녀에게 말했다.

"부디 보살님께서 길을 인도하여주시기 바랍니다. 안료를 캐서 화공들의 고충을 해결할 수만 있다면 이 몸은 부서져 가루가 되더라도 사양하지 않겠나이다!"

오색 소녀의 결연한 태도를 보고 관음보살이 손가락으로 앞을 가리키며 말했다.

"저 푸른 빛깔의 바위 절벽 아래에 하얀 바위가 하나 있는데 그 바위 앞에는 깊은 우물이 숨겨져 있다. 우물의 윗부분을 덮고 있는 모래자갈을 파내고 석판을 들어내면 우물의 입구가 나타날 것이다. 안료는 우물 바닥의 얇은 석판 아래 있는데, 명심해야 할 것은 반드시 그대와 같은 소녀가 우물에 내려가 석판을 깨뜨려야만 안료를 얻을 수 있다는 사실이다."

말을 마침과 동시에 보살의 모습은 오색찬란한 빛과 함께 사라졌다.

이튿날 오색 소녀가 부친에게 간밤의 꿈 이야기를 하니 수심에 차 있던 장 화공의 표정이 일순간 밝아졌다. 오색 소녀와 장 화공은 역시 그 이야기를 듣고 기대에 찬 다른 동료 화공들과 함께 모래자갈을 파낼 연장과 우물을 타고 내려갈 동아줄을 들고서 관음보살이 말한 바의 푸른 바위 절벽 아래로 향했다. 보살의 말대로 거기에는 커다란 흰 바위가 놓여 있었고 그 앞을 파보니 석판이 나오고 그 석판을 들어내니 과연 깊고 어두운 우물이 나타났다.

오색 소녀가 아무런 망설임 없이 우물 속으로 들어가려 하는데, 장 화공은 왠지 모를 불안감에 선뜻 딸을 내려보내지 못했다. 그러나 안료를 간절히 고대하고 있는 뭇 화공들을 떠올리고는 딱총나무를 손수 꼬아 만든 동아줄을 직접 그녀에게 묶어주고 눈물을 머금으며 조심스레 그녀를 우물 아래로 내려보냈다.

우물 속은 그녀를 오슬오슬 떨게 할 만큼 한기로 가득했다. 한참을 내려왔음에도 여전히 바닥이 보이지 않을 만큼 우물은 깊었다. 가지고 온 동아줄을 하나하나 모두 엮었지만 오색 소녀는 여전히 허공에 대롱대롱 매달려 있었다. 다들 어쩔 줄 몰라 하고 있는데 한 화공이 말하였다.

"우선 이 아이를 끌어올립시다. 그리고 동아줄을 좀 더 준비한 다음 다시 내려보냅시다."

달리 도리가 없었기에 그 말에 따라 동아줄을 잡아당겨 소녀를 끌어올리려는데 갑자기 매듭 한 곳이 풀어지며 오색 소녀는 바윗덩어리처럼 아래로 아래로 떨어졌다. '쿵' 하는 소리와 함께 우물 바닥의 석판이 부서지는 소리가 들려왔고 그 후로는 아무런 소리도 들리지 않았다.

우물 바닥으로부터 들려오는 둔중한 소리에 장 화공은 가슴이 철렁 내려앉았다. 그러더니 이내 목놓아 딸의 이름을 부르며 곧장 우물 속으로 뛰어들려 하였다. 이에 놀란 사람들이 필사적으로 그를 잡아끌고 한바탕 설득을 하고서야 그는 겨우 안정을 되찾았다. 그리고 눈물을 줄줄 흘리며 되돌아오려는데 돌연 기적이 일어났다. 우물 안으로부터 오색의 번쩍이는 화려한 빛이 뿜어져 나오는 듯싶더니 이내 빛은 사라지고 오색의 안료가 펑펑 솟구쳐 나오는 것이었다. 이를 본 사람들의 기쁨은 이루 다 말할 수 없었다. 오색 소녀의 희생으로 얻어진 것이라 여긴 그들은 땅바닥에 꿇어앉아 쉴 새 없이 절을 올리며 오색 소녀에게 감사를 올렸다. 딸을 잃고 억장이 무너지던 장 화공은 딸의 죽음이 헛되지 않고 또 뭇 화공들이 그녀의 고결한 정신에 감복해하는 것을 보고는 가슴속의 슬픔이 사그라졌다. 이때부터 이 우물에서는 화수분처럼 아무리 써도 써도 마르지 않고 안료가 솟아나니 화공들은 더 이상 안료 때문에 걱정할 필요가 없게 되었다.

사람들은 오색 소녀를 그리워하는 마음에 그 우물을 '오색 우물'이라 이름 지었다. 그 후 벽화를 그리는 데는 자자손손 모두 이 오색 우물의 안료가 사용되었는데, 그 색채가 아름다울 뿐더러 언제까지나 퇴색이 되지 않으니, 오늘날까지도 이들 벽화들은 눈부시게 곱고 선명한 색상을 간직하고 있다.

동굴은 "마치 화려한 화원에라도 들어선 듯한 느낌을 줄 만큼 선명하고 아름다운 빛깔들"을 하고 있다 했는데, 사실 동굴 안은 매우 어두워 한 치 앞도 제대로 보이지 않는다. 다만 열어둔 출입구에서 비쳐드는 자연광으로 간신히 발밑을 분간할 수 있을 뿐이다. 조명으로 인한 벽화의 퇴색을 우려한 중국 당국의 세심한 배려(?) 탓이다. 가이드의 손전등이 비추는 곳만을 따라 볼 수밖에 없지만 그 속에는 화려한 조명 아래서는 느껴볼 수 없는 색다른 감동이 있다. 가이드의 손전등이 비춰질 때마다 어둠 속에 숨어 있다 문득문득 나타나는 그 화려하면서도 웅장한 화면에서 방문객은 꿈속에서의 환영을 보고 있는 듯한 감탄과 충격을 경험하게 되는 것이다. 동굴 벽화의 전경全景은 막고굴 맞은편에 있는 '막고굴 진열관'에서 볼 수 있다. 벽화를 포함한, 일부 동굴 전체를 축소시켜 모사해놓은 것인데, 거기에는 조명이 설치되어 있어 그 화려함이 한눈에 들어온다.

막고굴 벽화는 청금석靑金石이나 주사朱砂, 운모雲母 등의 천연 광석을 위주로

삼위산의 날카로운 자갈들. 마치 칼날을 세워놓은 듯하다.

하여 거기에 식물 안료와 인공 합성 안료가 부가적으로 사용되었다. 이 가운데 청금석의 사용은 절대적인데 이 광석의 생산지에 대해서 그동안 뚜렷한 증거 없이 막연히 고대 돈황 일대에서 생산되었을 것이라고만 여겨왔었다. 그런데 연전에 돈황연구원의 한 연구원이 돈황 벽화에 사용된 청금석의 특징이 아프가니스탄 청금석의 그것과 매우 유사함을 증거로, 당시 사용된 청금석이 아프가니스탄에서 수입된 것이라 추정하였다. 삼위산에서 오색의 안료가 샘솟았다는 이 전설은 벽화의 안료로 광석이 사용되었다는 사실과 삼위산에 여러 가지 광물질이 풍부하다는 사실이 결합되어 생겨난 것이리라.

또 한 가지, 흔히 막고굴의 벽화가 지금까지 퇴색됨 없이 원래의 색채를 그대로 간직하고 있다고들 하는데 반드시 그렇지만은 않다. 돈황 벽화의 주된 안료원인 광석 안료는 세월이 흘러도 거의 변색이 되지 않기 때문에 그것을 사용한 부분은 본래의 색채를 그대로 간직하고 있지만, 주단朱丹 및 주단 성분을 함유하고 있는 안료나 기타 식물성 안료를 사용한 부분은 옛 색상을 많이 잃어버린 상태다. 가장 두드러진 변색은 인물의 피부색이다. 상당수 석굴의 벽화에서 인물의 피부 및 피

부색에 근접한 색깔은 본래의 모습을
잃고 흑색이나 회색, 혹은 갈색으로 변
해버렸다. 돈황 벽화 감상시에 염두에
두어야 할 사항이다.

변색된 돈황 벽화
제249굴의 부처설법도이다. 부처를 둘러싸고 있는 보살
과 비천의 상반신은 모두 알몸인데 모두 짙은 회색으로
변해 있다.

서왕모의 심부름꾼 - 삼청조三青鳥

삼위산三危山 주봉 목조 누각 옆에는 아담하고 정교한 사당이 하나 있다. 서왕모궁이다. 전설에 의하면 서왕모는 본래 이 산에서 살았다고 하는데 후에 어찌하여 요지瑤池[1]로 옮겨갔을까? 여기에는 삼청조에 관한 전설이 있다.

서왕모궁

그 옛날 삼위산의 풍광은 오늘날과 사뭇 달랐다. 하얀 포말을 일으키며 떨어지는 폭포수와 온 산을 뒤덮는 분홍 복사꽃과 연푸른 실버들, 그리고 뭉실뭉실 피어오르는 구름과 안개. 마치 한 폭의 산수화와 같은 수려한 경관이었다. 그런 삼위산의 푸른 소나무 숲에는 기묘한 형상의 새가 살고 있었다. 진홍빛 부리에다 새하얀 볏과

---

1) 불사약으로 유명한 여신 서왕모西王母의 거처. 곤륜산, 청해호青海湖, 천산天山의 천지
天池 등 여러 곳에 요지가 있다고 전해오는데, 여기서는 천산의 천지를 말함.

삼위산의 한 봉우리. '三靑鳥'라 적힌
글귀가 보인다.

청록색 깃털을 가졌는데, 기이하게도 세 개의 반들거리는 새까만 발을 가지고 있었다. 세 개의 다리를 지닌 푸른 새라는 뜻으로 '삼청조'라 불리는 새였다.

삼청조는 울음소리가 종달새보다 구성지고 은은하며 기질이 어린 소녀처럼 부드럽고 따뜻했다. 게다가 기억력이 뛰어나서 아무리 많은 산이나 강, 혹은 속세를 벗어난 선도仙島나 고사古寺일지라도 한번 가보기만 하면 언제까지나 가는 길을 잊어버리지 않았다. 서왕모는 그런 삼청조를 무척 좋아하여 항상 그를 가까이 두고 심부름을 시키거나 소식을 전하게 했다. 또 산수를 유람하거나 설법하러 길을 나설 때도 언제나 삼청조를 앞세워 길 안내를 맡겼다. 그리하여 사람들은 삼청조가 창공을 나는 것을 보면 서왕모가 출유出遊를 떠나나 보다 생각을 할 정도였다.

하루는 서왕모가 천산天山 요지로 설법을 하러 가게 됐다. 오색구름을 탄 서왕모 앞에는 삼청조가 날갯짓하며 빙빙 하늘 높이 날고 뒤에는 여러 시녀들이 그를 따랐다. 그렇게 훨훨 하늘을 날던 그들의 발 아래로 머지않아 요지의 눈 덮인 봉우리며 푸른 소나무며 연록빛 호수들이 아름답게 펼쳐졌다. 막 지상으로 내려오려던 서왕모는 문득 연꽃 부들로 짠 방석을 삼위산에 놓고 온 사실을 알았다. 그것 없이는 앉는 자리가 편치 못하여 설법에 집중할 수 없었던 서왕모는 즉시 삼청조를 삼위산으로 돌려보내 방석을 가져오도록 하였다. 설법

시간에 늦지 않도록 가능한 한 빨리 갔다 오라는 말과 함께였다.

삼청조는 화살처럼 빨리 날아 어느새 돈황 상공에 다다랐다. 그런데 이게 어찌된 일인가. 저 멀리 삼위산에서 불길이 하늘을 찌르고 희뿌연 연기가 뭉실뭉실 피어오르고 있지 않는가! 깜짝 놀란 삼청조가 황급히 날아가 보니 불길이 온 산을 휘감아 꽃과 나무들은 활활 타고 있었고 짐승들은 불을 피해 이리저리 날뛰고 있었다. 삼청조는 자신도 모르게 눈물을 주루룩 흘렸다.

방석을 가져가는 것보다 불을 끄는 것이 급하다고 생각한 삼청조는 맹렬히 타오르는 불길에 자신의 몸이 타들어가는 것도 아랑곳하지 않고 곧장 산 아래 호수로 뛰어들어 주둥이 가득 물을 머금고 온몸을 흠뻑 적신 후 급히 공중으로 솟아 주둥이 속의 물과 몸에 묻은 물을 산 위에 뿌려대기 시작했다. 한 번 또 한 번, 삼청조는 이렇게 물을 뿌리고 또 뿌려댔지만 불은 여전히 꺼질 기미가 보이지 않았다. 그러나 삼청조는 조금도 낙담하지 않고 쉬지 않고 온몸으로 그렇게 물을 뿌렸다.

한편 요지 가에서 이제나 저제나 하고 목이 빠지게 기다리던 서왕모는 시간이 지나도 삼청조가 돌아오지 않자 직접 구름을 타고 삼위산으로 돌아왔다. 불붙은 삼위산의 불길 위를 부지런히 오가는 삼청조가 보였다. 화가 치민 서왕모가 다가가 버럭 소리를 질렀다.

"연화부들 방석은 어찌되었느냐!"

삼청조가 숨이 차서 헐떡거리며 말했다.

"지금 제가 뭘 하는지 안 보이십니까?"

평상시의 다소곳한 태도와는 완전 딴판으로 삼청조가 감히 말대꾸를 하자 서왕모는 더욱 분기가 일었다.

"나도 봤다. 허나 지금 너의 행위는 개미가 바위를 갉는 거나 다름없다. 어찌 네 주제를 모르느냐! 산 전체가 온통 불바다인데 네가 물 몇 방울 뿌리는 것으로 이 불을 끌 수 있다고 생각하느냐!"

"그렇다고 숲과 제 집이 불에 타들어가는 것을 바라만 보고 있으라는 말입니까?"

삼청조가 지지 않고 맞받았다.

"이곳이 불에 타 사라지면 요지로 가서 살면 된다. 게다가 그곳은 여기보다 훨씬 더 아름답지 않느냐!"

"그런 건 생각해본 적 없습니다. 전 다만 산속의 동물들이 불에 타 죽는 것을 보고만 있을 수 없을 뿐입니다. 왕모님은 불에 타 죽는 저 짐승들이 보이지 않습니까?"

삼청조가 제법 언성을 높여 하던 말을 계속했다.

"왕모님은 법력이 대단하여 입으로 한번 힘껏 내불기만 하면 큰불도 끌 수가 있다고 들었습니다. 그런데도 지금 이렇게 수수방관 불을 끌 생각은 하지도 않을뿐더러 오히려 저를 나무라며 비웃고만 계시니 대체 이게 무슨 경웁니까? 설법 때마다 늘상 '널리 중생을 재난에서 구하라' 고 하신 이는 또 누굽니까? 그런데 지금 저 큰불이 무수한 생명들을 앗아가고 있는데 이렇게 바라만 보고 계시니 그건 그야말로 말뿐인 가르침이었군요!"

그러고는 서왕모의 대답을 기다릴 것도 없이 곧바로 불을 끄러 물속으로 날아들었다.

삼청조의 입바른 말을 듣고 서왕모는 한동안 멍하니 서서 아무런 말도 할 수가 없었다.

'저것이 몸집은 작지만 옳음을 보고 과감히 행동하는 정신만큼은 참으로 갸륵하구나! 내 저런 것을 나무랄 수는 없지. 아무렴, 죽어가는 것을 보고만 있을 수는 없지.'

이렇게 생각한 서왕모가 즉각 법술을 부려 폭우가 쏟아지게 하니 불은 순식간에 꺼져버렸다. 그러나 삼위산은 이번 불로 인하여 초목 하나 자랄 수 없는 벌거숭이산이 되고 말았다. 그리하여 서왕모는 요지로 거처를 옮기게 되었고 삼청조의 모습도 다시는 찾아볼 수 없게 되었다.

훗날 동진東晉의 대시인인 도연명陶淵明은 삼청조 이야기를 듣고 깊은 감동을 받아 다음과 같은 시[2]를 지었다.

훨훨 나는 삼청조	翩翩三靑鳥
깃 색깔 어여쁘기 그지없네	毛色奇可憐
아침에는 서왕모의 사자가 되고	朝爲王母使
저녁에는 삼위산에서 안식하네	暮宿三危山

---

2) 「독산해경십삼수讀山海經十三首」 가운데 제5수에 해당.

이 몸은 이 새로 인하여	我欲因此鳥
서왕모에게 이르기를	具向王母言
사는 동안 바라는 바 아무것도 없고	在世無所需
오직 술이나 긴 세월 더불었으면 하네	惟酒與長年

『산해경山海經』에 의하면, 서왕모는 사람의 모습에 표범의 꼬리와 호랑이의 이를 가지고 있으며, 산발한 머리에 비녀를 꽂고 으르렁거리는 괴이한 존재였다. 그후 시대가 흐름에 따라 서왕모는 신선 사상의 영향을 받아 미목이 수려한 미인으로 변신하였지만 그녀는 여전히 엄하고 사나운 성격의 소유자로 인식되어왔다. 이는 오늘날에도 크게 다르지 않다. 이 전설 속의 서왕모도 그리 자애로운 성격을 지닌 자는 못 된다. 삼위산 깊숙한 곳에 위치한 서왕모궁 안의 동상도 사소한 실수에도 불호령이 떨어질 것 같은 매우 엄한 표정을 하고 있다.

삼청조는 서왕모에게 먹을 것을 물어다 주고 서왕모의 심부름을 하는 신조神鳥

삼위산 서왕모궁 안의 서왕모. 매우 근엄한 얼굴이다.

『산해경』에 나오는 서왕모

『삼재도회』에 나오는 서왕모

이다. 한나라 무제의 고사를 담고 있는 『한무고사漢武故事』에 의하면 한 무제가 승화전承華殿에서 재를 올리고 있던 중 갑자기 파랑새 한 마리가 서방으로부터 날아들었다. 이를 보고 의아해하는 무제에게 동방삭은 서왕모가 오려는 조짐이라고 설명하였고, 조금 있자 과연 서왕모가 도착하였다 한다. 그 후 삼청조는 반가운 사자使者나 편지를 이르는 말이 되었다.

삼위산이 옛날에는 폭포수와 온갖 화초들로 뒤덮인 '한 폭의 산수화와 같은 수려한 경관'을 지니고 있었다 했는데 그리 터무니없는 허구는 아닌 듯하다. 나무나 화초의 화석이 삼위산에서 발견되었다는 보도가 있었다. 오랜 옛날에는 삼위산이 최소한 오늘날과 같은 불모지는 아니었음을 보여준다.

관음보살의 감로수가 우물로 변하다 – 관음정觀音井

관음묘

삼위산 중턱 깊고 그윽한 골짜기에 '관음 정觀音井'이라 불리는 우물이 하나 있고, 그 옆에는 '관음묘觀音廟'라는 작은 사당이 있다. 사당 뒤쪽은 깎아지른 듯한 가파른 절벽과 기이 한 바위들이 우뚝우뚝 솟아 있고, 앞쪽은 비교적 평평한 지세를 이루고 있지만 그곳 역시 구불구 불한 외줄기 소로小路만이 나 있을 뿐이다. 이같 이 궁벽한 곳에 우물을 파고 사당을 세우게 된 데 는 다음과 같은 전설이 전해 내려온다.

하루는 남해 관음보살이 서왕모의 요지瑤池에서 열리는 연회에 참석하였다 가 귀로에 천불동 상공을 지나던 중 문득 타고 있던 구름의 한켠을 낮추고 지 상을 내려다보았다. 마침 은빛 구렁이처럼 생긴 대천하가 감돌아 흐르고 있는 곳에 자리한 조그마한 오아시스가 시야에 들어왔다. 향불 연기가 감실감실 피

어오르는 계곡이며, 종소리와 북소리가 면면히 감
도는 푸른 숲이며, 그윽한 경관들로 가득 찬 것이
가히 하늘나라 선경에 비할 만한 신비한 오아시스
였다. 넋을 잃고 지상의 풍광을 감상하던 관음보살
은 손에 들려 있던 정병淨瓶이 한쪽으로 기우는 것
도 몰랐다. 또르르 감로수 몇 방울이
정병에서 흘러나와 지상으로 떨어졌
다. 깜짝 놀란 보살이 어찌할 바를

관음정. 우물 보호를 위
해 정자를 세워 놓았다.

모르며 행여 사람들의 눈에 띌세라 지상으로 떨어진 감로수는 돌아도 보지 않
고 황급히 자리를 떴다.

　관음보살의 실수로 정병에서 흘러나온 감로수 방울은 금은주옥金銀珠玉으로
라도 된 것처럼 반짝반짝 빛을 발하며 지상으로 가볍게 날아 떨어지더니, 한
데 합쳐져 천불동 맞은편의 삼위산 골짜기로 떨어졌다. 그 충격으로 골짜기의
단단한 푸른 바위에 깊은 구멍이 생겼고 그 구멍은 곧 우물이 되었다. 이때부
터 그곳에서는 시원하고 맛좋은 물이 끊임없이 샘솟아 일 년 내내 마르는 일
이 없었다.

　때마침 오랜 지병을 앓고 있던 한 승려가 삼위산으로 산책을 나왔다가 우연
히 이 광경을 목격하였다. 그는 기뻐 어쩔 줄 몰라 하며 우물의 물을 한 모금
떠 마셨다. 순간 앓아오던 질병이 씻은 듯 사라지고 몸은 날아갈 듯 가벼워졌
다. 그것은 바로 병을 치료하고 육체를 튼튼하게 해주는 매우 희귀한 물이었

다. 이에 깊은 신심이 발한 그는 그 즉시 사방을 편력하며 관음보살의 영험을 알리는 설법을 전하는 한편, 불사 건립을 위한 모금도 벌여 관음정이라 불리는 그 우물 옆에 관음보살상을 모신 관음묘를 세웠다. 이 소식이 퍼져나가자 관음정의 물로 병을 고치려는 사람들이 벌떼처럼 몰려들었고 절은 그들이 사르는 향냄새로 진동하였다. 그 후 늘어나는 재물에 눈이 멀어버린 이 승려는 본래 한 잔에 동전 한 닢 하던 우물물 값을 은전 한 냥으로 올려 받았다. 병자들에 대한 그의 이 같은 재물 갈취가 계속되자 관음정의 물은 차츰 그 효력을 상실하여 마침내는 더 이상 병을 치료하지 못하게 되었다.

이 관음정과 관음묘는 오늘날까지 남아 있다. 관음정은 그 입구의 지름이 1미터가 채 안 되는 작은 우물이다. 우물의 보호를 위해서 정자를 세우고 또 덮개도 덮어놓았다. 이 메마른 땅에 정말 물이 있을까 하는 기대에 덮개를 열고 아래를 내려다보았지만 바닥이 깊고 어두워 아무것도 보이지 않는다. 혹시 카메라로 찍어 보면 나타날까 싶어 조리개를 활짝 열고 이리저리 찍어도 보았으나 역시 무리였다. 그런 내 모습을 먼발치서 지켜보던 늙은 관리인이 다가와 한마디한다.

"리미엔 메이요 수이(그 안에 물은 없습니다)."

무병장수를 기대하지는 않았어도 타는 목을 축일 수는 있을까 싶었는데…….

천생天生을 비추는 투명한 비석 - 투명비

오래 전 천불동 9층 누각(구층루九層樓)[1] 남쪽의 석벽에는 눈송이처럼 하얗고 거울처럼 투명한 옥 비석이 하나 서 있었다고 한다. 전하는 바에 의하면 이 옥은 당나라 공주와 혼인하게 된 우전왕于闐王이 천불동에 기증한 것인데, 천불동의 노화상이 그에 대한 감사의 표시로 석굴 안에 우전왕의 초상을 그려둠과 동시에 그 옥으로 비석을 새겨 그곳에 세워놓았다는 것이다. 사면팔방에서 온 방문객들은 천불동에 오면 우전왕이 기증했다는 옥으로 만든 이 비석을 구경하게 마련이었고, 그럴 때면 으레 한번씩 어루만져보곤 하였는데 그러는 사이에 비석은 점점 하얗고 투명하게 변해갔다. 그렇게 오랜 세월이 흐르는 동안 비석에서는 이상한 현상이 나타나기 시작했다. 사람들이 비석 앞에 서면 비석에서는 기이하게도 동물의 형상이 어렴풋이 비치는 것이었다. 호랑이, 표범, 봉황, 공작, 양, 돼지, 개, 당나귀 등 각종 새와 짐승들의

---

1) 제96굴 외곽의 목조 건축물을 말함.

모습이 보는 사람에 따라 달리 나타났다가 사람이 물러서면 그 모습도 사라졌다. 그러던 중 사람들 사이에서는 비석에 나타나는 동물은 비석 앞에 선 사람의 본 모습이라는 소문이 돌기 시작하였고, 호기심에 끌린 내방객들은 너도나도 비석 앞에 서서 자신의 본 모습을 확인해보곤 하였다.

당시에 이 지부知府[2]라는 부정한 탐관오리가 있었다. 어느 해 사월 초파일 잔뜩 명절 분위기에 들떠 있던 그는 처첩과 자녀들, 양 책사策士 등을 대동한 채 병사들의 호위를 받으며 천불동에 놀러왔다. 향을 사르고 공물을 바치고 나서 천불동 주위를 이리저리 거니는데 예의 그 투명한 옥 비석이 그의 눈에 들어왔다. 참으로 훌륭한 옥이라 연신 되뇌며 옥 비석을 어루만지던 그가 문득 고개를 갸웃거렸다. 비석 안에 새까만 당나귀 모습이 보였던 까닭이었다. 옥 비석의 신비한 힘에 대해 전혀 아는 바가 없었던 그는 곁에 서 있던 양 책사에게 물었다.

"이 비석에 어찌하여 당나귀 모습이 비치는가?"

양 책사는 옥 비석에 관한 내막을 알고 있었지만 감히 곧이곧대로 대답할 수 없었다. 으흠, 으흠 한두 차례 마른기침을 내더니 말하였다.

"나리, 그, 그건…… 나리, 대수로운 일도 아니니 괘념 마시고 저쪽 삼청궁이나 한번 둘러보시지요."

---

[2] 지부知府는 관직명으로 부府의 장관이다.

"도대체 무슨 연고로 그렇게 우물거리느냐. 네 감히 나를 속이려 드는 게냐!"

어물대는 양 책사의 대답에 이 지부는 벌컥 성을 내며 꾸짖었다.

"소, 소인이 어찌 감히…… 소인은 그저 진실을 말한다면 나리의 체면이 깎일까 봐 그러는 것입니다."

"웬 잔소리가 그리도 많으냐? 속히 사실대로 말하라. 조금이라도 거짓이 있다면 내 가만 있지 않을 것이다!"

이 지부의 매서운 꾸짖음에 양 책사는 어쩔 수 없이 입을 열었다.

"말씀드리지요. 이 비석은 투명 비석이라고 부르는데 사람이 다가가면 동물의 모습이 그 안에 나타난다 하옵니다. 그것도 비춰보는 사람마다 나타나는 동물이 달라진다고 합니다."

'참으로 기이한 일도 다 있구나. 내 각지를 돌아다녀봤지만 이런 일은 처음이다.'

이 지부는 그 말을 듣고 속으로 깜짝 놀랐으나 자신의 체면을 생각하여 대수롭지 않은 양 목소리를 깔고 양 책사에게 말했다.

"내 관직에 나선 지 한두 해도 아니거늘, 이 같은 일로 놀라기야 하겠느냐? 기왕 왔으니 자네도 한번 비춰보아라. 어떤 녀석이 비치는지 내 한번 봐야겠다."

양 책사는 혹시라도 자신의 체면이 손상될까 두려워 펄쩍 뛰며 사양하였다.

"아니되옵니다. 나리께서 자리하신데 소인이 어찌 감히 나서겠습니까?"

"여러 소리 말고 속히 비춰보거라!"

이 지부의 독촉에 양 책사는 마지못해 비석 앞에 섰다. 그러자 비석에는 즉시 늙어빠진 검은 개 한 마리가 나타났다. 이 지부는 그것을 보고 재밌어라 양 책사를 놀려댔다.

"오호, 귀하신 책사께서 이제 보니 바로 요런 모습이셨구려! 하하하!"

이 무렵 하나둘씩 모여든 구경꾼들도 와아! 하고 크게 웃어댔다. 호가호위하며 나쁜 짓만 일삼던 양 책사의 얼굴이 순식간에 돼지 피라도 뒤집어쓴 것처럼 붉어졌다.

'참으로 신기하구나. 헌데 떳떳하고 당당한 이 몸에 어찌하여 당나귀 형상이 나타난단 말인가? 분명 잘못 비친 것이리라, 내 다시 한번 비춰서 이 관리 나리의 천생이 용이나 봉황이나 호랑이임을 이자들에게 보여줘야겠다.'

이렇게 생각한 이 지부는 팔자걸음으로 거드름을 피우며 비석 앞으로 다가섰다. 그러자 비석에서는 또다시 검은 당나귀가 나타났다. 너무 멀리 서 있어서 그러는 게 아닌가 싶어 가까이 다가서도 보았지만 당나귀 모습만 한층 더 또렷해질 뿐이었다. 화가 치솟은 그가 식은땀을 줄줄 흘리며 아들딸과 처첩들을 불러내 비춰보게 하니 역시나 하나같이 당나귀의 형상이 뜨는 것이었다.

이 무렵쯤 되자 이 지부가 검은 당나귀라는 소문은 늘어나는 구경꾼들만큼이나 빨리 퍼져나갔다. 더 있다가는 사람들 앞에서 망신만 더 당하리라는 생각에 양 책사가 급히 지부의 옷자락을 잡아끌며 속삭였다.

"나리, 이제 어서 그만 돌아가시지요. 나리 가족 모두가 다……".

"닥쳐라!"

양 책사의 입에서 '당나귀' 라는 글자가 채 튀어나오기도 전에 철썩! 하고 이 지부로부터 따귀가 날아왔다. 화가 머리끝까지 난 이 지부는 눈알을 부라리며 소리쳤다.

"이 요망스런 비석을 당장 때려 부숴라!"

그 순간 구경꾼들 뒤에서 다급한 목소리가 튀어나왔다.

"부숴서는 안 되오!"

들리는 소문을 듣고 불길한 예감에 급히 달려온 사찰의 노승이 황급히 만류하였다. 이 지부는 이를 악물며 그런 노승을 향해 소리쳤다.

"이 늙은 중놈이 어딜 감히, 여봐라! 이자를 당장 끌어내 곤장을 쳐라!"

이리하여 병사들에게 곤장 수십 대를 맞은 노화상은 살이 터지고 갈라져 온통 피투성이가 되었다. 그 광경을 지켜보던 백성들은 분노하기 시작하였다. 그걸 아는지 모르는지 이 지부는 거듭 호령하였다.

"뭣들 하느냐! 어서 저놈의 요망한 비석을 산산조각 날 때까지 때려 부숴라!"

병사들이 이 지부의 불같은 명령에 비석을 부수려 하자 주위의 백성들이 와아! 하고 일제히 달려들어 그들과 치고받기 시작했다. 양 책사는 백성들의 분노를 건드려서는 안 되겠다 싶어 슬그머니 이 지부 뒤로 다가와 속삭였다.

"나리, 고정하십시오. 소인에게 한 가지 묘책이 있습니다."

"빨리 말해보거라!"

양 책사는 얼른 이 지부의 귓가에 대고 목소리를 낮추어 말했다.

"우선 나리께서는 가마를 타고 관가로 돌아가셔서 백성들의 분노를 식히십시오. 저는 이곳에 하인 몇 명을 남겨두어 오늘밤 인적이 고요해진 틈을 타 이곳에 불을 질러버리겠습니다. 그러면 바위가 아니라 쇳덩어리라 해도 녹여버릴 수 있을 겁니다."

그러면서 그는 누런 이를 활짝 드러내며 헤헤 웃었다. 이 지부는 그 말을 듣고 연신 고개를 끄덕이며 말하였다.

"좋아, 좋아, 그렇다면 내 가슴속의 증오가 좀 풀릴 수 있겠구나. 일이 성사되면 너에게 후한 상을 내리겠다!"

그리하여 이날 밤 2경 무렵에 타오르기 시작한 불은 새벽녘 몰려든 사람들에 의해 불길이 잡힐 때까지 온 밤을 계속하여 투명 비석을 불태웠다. 이에 화가 난 백성들은 이 지부의 하인 하나를 붙잡아 캐물음으로써 모든 것이 양 책사가 꾸민 수작이었음을 알고는 그를 잡아들여 반죽음이 되도록 팬 뒤 천불동에서 쫓아냈다. 불에 태워진 투명 비석은 갈라진 틈 하나 없었지만 안타깝게도 새까맣게 그을려서 다시는 아무것도 비춰볼 수 없게 되었다.

조의금曹議金의 귀의군 정권이 돈황 일대를 지배하던 당시 동으로는 감주회골甘州回鶻, 서로는 우전국于闐國이 강성한 세력으로 자리하고 있었다. 이에 조의금은 정권의 안정을 꾀하고자 이들 주변국과 혼인을 통한 인척관계를 맺는다. 즉 감주회골왕의 딸을 아내로 맞아들이고, 또 자신의 두 딸을 각각 감주회골왕과 우전왕이성천李聖天에게 시집을 보낸 것이다.

이 전설에서 말하고 있는 '당나라 공주와 혼인하게 된 우전왕'은 조의금의 딸을 아내로 맞아들이는 이성천을 두고 하는 말일 것이다. 그리고 전설에서는 우전왕이 천불동에 옥을 기증했다 했는데, 실제로 그러한 일이 있었는지는 확인할 수 없지만 우전(현재의 신강성 호탄) 지역이 오늘날까지 아름다운 옥의 생산지로 유명한 것으로 보아 우전왕의 옥 기증이라는 고사는 최소한의 사실에 바탕하고 있다. 천불동의 노화상이 감사의 뜻으로 석굴 안에 우전왕의 초상화를 그렸다는 것 역시 그 사실을 확인할 길은 없으나 우전왕의 초상화만큼은 제98굴에 '우

이성천공양도

전왕이성천공양도于闐王李聖天供養圖'로 남아 있다.

9층 누각(제96굴) 남쪽 석벽에 있었다는 이 투명한 비석은 오늘날 찾아볼 수 없다. 불에 새까맣게 그을린 비석일망정 남아 있더라면 막고굴을 찾는 방문객에게 또 하나의 볼거리를 제공해줄 터인데 그렇지 못한 점은 아쉽다.

대불大佛의 백호白毫가 도적맞다 - 북대불北大佛

제96굴 내의 대불상. 높이가 35.5m에 달한다. 진흙으로 빚은 불상으로는 중국 최대이다.

천불동에서 가장 웅장한 건축물로는 단연 9층 누각을 꼽을 수 있는데 이 9층 누각에는 높이가 백 척이 넘는 거대한 불상이 하나 있다. 기쁨도 슬픔도 겉으로 드러날 것 같지 않은 대불의 단정하고 장중한 얼굴 표정에서 방문객은 절로 숙연해져 자신도 모르게 옷깃을 여미게 된다. 이곳 사람들은 이 대불을 '큰부처님'이란 뜻으로 '대불야大佛爺'라 부르며 불상에 대한 공경의 마음을 표하고 있다. 이 대불의 이마에는 본래 홍보석으로 만들어진 백호白毫[1]가 현란한 광채를 발하였다고 하는데 지금은 어찌된 일인지 빛을 잃어버리고 말았다. 여기에는 어떤 사연이 있을까?

당시 거대한 불상을 만든다는 것 자체가 장엄한 대역사大役事였지만 그 중에서도 길상吉祥과 여의如意의 불광佛光을 비추는 미간의 백호는 아무것으로나 대신해서는 안 되고 반드시 홍보석이나 홍마뇌로 만들어야만 했다. 그래야만 눈부신 광채를 발할 것이기 때문이었다. '대불야' 의 백호는 천불동에 거대한 불상을 세운다는 소식을 들은 한 서역승이 홍보석을 보시함으로써 완성되었다.

세월이 흘러 돈황에서는 장경동藏經洞2)이 발견되었고, 이 소식을 들고 몰려든 많은 서양인들은 갖은 방법을 동원하여 장경동의 귀중한 경권들을 대거 본국으로 가져갔다. 이제 말하려는 이 서양인 역시 다른 이들처럼 횡재를 꿈꾸며 바다 건너 부랴부

9층 누각. 제96굴의 외곽 목조건 축물이다. 본래 당대唐代에는 4층이었는데 그 후 수차례의 재건을 거쳐 9층이 되었다. 오늘날의 모습은 1935년에 중건한 것이다.

랴 천불동에 도착하였다. 그러나 그가 도착하였을 때 장경동은 이미 텅 비어 있었다. 허탈과 실의에 빠진 그는 천불동 주위를 어슬렁어슬렁 배회하면서 장

1) 불상의 미간에 있는 희고 가는 털. 매우 부드럽고 눈처럼 깨끗하며 빛을 낸다고 하는데, 불상에서는 보통 보석으로 이를 대신함.

2) 1900년 제16굴의 한쪽 벽면에 비밀리에 뚫려 있던 작은 동굴(제17굴)에서 엄청난 양의 문서가 발견되었는데, 이 동굴을 '경전이 수장되어 있던 동굴' 이라 하여 '장경동' 이라 부름.

경동의 보물을 대신할, 무언가 가벼우면서도 값이 나가는 물건을 가져가자는 음험한 생각을 하게 되었다. 적당한 대상을 물색하던 어느 날 이른 아침, 여느 때처럼 주위를 어정거리다 무심코 들어선 9층 누각의 대불전大佛殿[3]에서 그는 무언가를 발견하고는 좋아서 입을 다물지 못했다. 그의 눈에 띈 것은 아침 햇살에 반사되어 광채를 발하고 있는 대불의 미간에 박힌 그 무엇이었다. 단숨에 8층까지 기어올라가 그 실체를 확인한 그는 걷잡을 수 없는 탐욕에 사로잡혔다.

'이 보물을 우리나라로 가져갈 수만 있다면 백만장자가 되는 건 시간 문제다. 그런데 어떻게 저걸 손에 넣는담? 낮에는 참배객들이 많아 도저히 손을 쓸 수가 없고 밤에는 또 너무 어두워 저 높은 곳에 오르기는 위험천만이다. 허나 모험 없이 횡재할 수는 없잖은가.'

그는 푸른 눈알을 궁굴리며 한 가지 묘안을 떠올렸다.

그날 밤이었다. 대천하 흐르는 소리만이 졸졸졸 들려올 뿐 고요하기 그지없는 천불동에 검은 그림자 하나가 슬그머니 9층 누각으로 스며들었다. 그림자는 희미한 별빛에 의지하여 대들보 위로 기어오르더니 가지고 올라간 동아줄의 한쪽 끝을 대들보에다 동여매고 다른 한쪽 끝은 자신의 허리에 묶었다. 그리고는 대불의 머리 위로 훌쩍 뛰어가더니 줄을 타고 대불의 이마 부위로 내

---

3) 제96굴의 별칭으로, 대불이 있다 해서 붙여진 이름.

려갔다. 그리고선 불쑥 튀어나온 대불의 눈두덩을 밟고 서서 허리춤에서 꺼낸 정과 쇠망치로 백호의 홍보석을 파내기 시작하였다. 그렇게 몇 차례 쳐대는데 돌연 대들보 위에서 누군가의 고함소리가 들려왔다.

"이 도적놈아, 꼼짝 마라!"

도둑은 놀란 나머지 온몸에 식은땀이 흘렀다.

'에이, 글러먹었다. 어서 내빼야겠다!'

그러나 그 와중에도 도둑은 고약한 심보가 발동했다.

'이리 된 바에야 곱게 남겨둘 순 없지.'

그러고는 쇠망치로 홍보석을 있는 힘껏 내려치니 홍보석은 좁쌀만한 불똥과 함께 산산이 부서지고 말았다. 대들보 위에 있던 사람은 도둑이 보석을 부숴버리는 걸 보자 화가 치밀어 손에 들고 있던 칼로 도둑을 매달고 있던 밧줄을 싹둑 잘라버렸다. 아악! 하는 비명 소리와 함께 검은 그림자는 바닥으로 떨어지고 말았다.

이튿날 새벽 9층 누각 대불전에서 한 구의 시체가 실려 나왔다. 끊어진 밧줄이 허리에 묶인 채였다. 서양인의 시신임을 확인한 노화상이 두 눈을 감고서 무어라 중얼거렸다.

"나무아미타불, 부처님을 모독함으로 인하여 빚어지는 악업은 본인 스스로가 짊어져야 하느니……."

그런데 대들보 위에 있던 사람은 누구였을까? 사건의 자초지종은 이러했다. 수차례 거듭된 서양인들의 문화재 약탈이 있고 나자, 당시 사원의 승려들에게는 서양인들에 대한 일종의 분노와 반감이 자리하고 있었다. 더 이상 그들의 도적질을 당하고만 있을 수 없다는 생각에 신경을 곤두세우고 있던 차에 이 서양인이 천불동에 들어왔고, 이에 노화상은 기민한 젊은 승려로 하여금 은밀히 그를 감시토록 하였다. 이날 젊은 승려는 그 서양인이 대불의 미간에 박힌 홍보석에 눈독을 들이는데다 쇠망치와 밧줄을 준비하는 것을 보고 그 자의 속셈을 알아차렸다. 밤이 되자 젊은 승려는 계도戒刀4)를 메고서 슬그머니 9층 누각에 몸을 숨겼다. 그리고 도둑이 악랄한 수단으로 홍보석을 훔치려들자 분노가 치솟아 놈을 매달고 있던 밧줄을 단칼에 잘라버렸던 것이다.

홍보석이 부서지자 노화상은 어쩔 수 없이 붉은 유리구슬로 그것을 대신하였지만 예전과 같은 눈부신 광채는 찾아볼 수 없었다.

스타인Stein, 펠리오Pelliot, 오오타니大谷를 중국인들은 '문화재 3대 도둑'이라고 서슴없이 말한다. 돈황 유서와 유물을, 중국인들 표현을 따르면, '약탈'해간 당시 20세기 초 제국주의 열강들에 대한 분노를 단적으로 표현하고 있는 말이다. 9층 누각의 대불과 관련된 이 이야기는 서양 제국주의자들에 대한 당시 중국인들의 반감을 반영하고 있다.

"상황은 극도로 어려웠다. 마을 주민 10여 명이

좌로부터 스타인, 펠리오, 오오타니

자기들이 하던 일마저 중지하고 15마
일이나 떨어져 있는 우리를 찾아와 감
시하면서 그들이 습격하거나 강제로
축출해도 합당한 이유가 될 만한 함정
속에 우리를 빠뜨리려고 수단과 방법
을 가리지 않았다."

"어쩌다 실수를 하거나 화난 표정

워너와 워너에 의해 잘려나간 벽화

만 지어도 주민들은 벌집을 쑤셔놓은
듯 떠들어댔고, 자칫 우리의 목숨까지 위태로울 지경이었다."

돈황을 방문하는 동안 중국인들의 강한 반발에 부딪쳐야 했던 미국인 워너
Warner의 기록이다. 사실 워너에 의해 자행된 돈황 벽화 탈취는 대불의 홍보석을
훔치려 한 이 이야기 속의 서양인만큼이나 악랄한 면이 있다. 언제고 파괴되어 버릴
지 모르는 벽화를 보존하기 위한, 당시로서는 최선의 방안이었다고 워너 본인은 변
명하나, 오늘날 남아 있는 벽화의 떨어져나간 자국을 보고 있자면 심정적으로 그에
대한 중국인의 반감에 깊은 공감을 느끼게 된다.

9층 누각(제96굴) 내에 있는 이 미륵불상의 미간에 박힌 홍보석을 훔치려 들다
죽음을 당했다는 이 서양인 이야기는 사실이 아닌 듯하다. 다른 전설들과는 달리

---

4) 옛날 승려가 늘 가지고 다니는 작은 칼. 옷을 마르거나 머리를 깎거나 손톱을 자를 때
  씀.

그리 멀지 않은 과거의 이야기인지라, 만일 그게 사실이라면 어떠한 유형으로라도 그 기록이 남아 있을 터인데 그와 관련된 어떤 기록도 필자는 본 적이 없기 때문이다.

9층 누각 내의 미륵불과 관련하여 한 가지 흥미로운 점이 있다. 그것은 몇 해 전까지만 해도 34.5미터였던 대불의 높이가 지금은 35.5미터로 1미터 높아졌다는 사실이다. 과거 불상의 높이를 잘못 측정했던 것도 아니고 불상을 최근 들어 더 높인 것도 물론 아니다. 그렇다면 어찌된 영문일까? 그것은 지난 1999년 그동안 땅속에 파묻혀 있던, 불상을 올려놓은 대좌臺座 부분이 새롭게 발견되었던 것이다. 부처의 발밑에 있는 1미터 높이의 대좌가 세월이 흐르면서 밖으로부터 날아드는 흙모래에 덮여버렸는데, 그동안은 그 사실을 알지 못하다가 1999년 동굴을 수리하는 과정에서 불상의 대좌가 땅속으로 제법 깊이 들어가 있다는 사실을 발견한 것이다. 이 때문에 기존 출판된 서적에서는 모두 불상의 높이를 34.5미터라 기록하고 있는데, 이 책의 독자들만큼은 알고 계시라. 사실은 그보다 1미터가 더 높은 35.5미터라는 사실을.

바람을 빨아들이는 동굴 - 흡풍동吸風洞

막고굴을 유람하는 사람들은 장경동에 대해서는 알고 있을지언정 흡풍동에 대해서는 알지 못한다. 흡풍동은 막고굴 북측의 벽화도 불상도 없는 황폐하기 그지없는 동굴 안에 있는데 월아천月牙泉과 연결되어 있다고 한다. 이 흡풍동에 대해서는 다음과 같은 이야기가 전해온다.

막고굴 북측의 동굴들. 사원의 승려나 벽화를 그린 화공들이 생활하던 곳이다.

장경동이 발견되었다는 소식이 전해지자 앞서거니 뒤서거니 천불동으로 달려든 탐욕스런 서양인들은 온갖 감언이설과 금은보화로 당시 천불동의 주지였던 왕 도사를 바둑강아지 어르듯 구슬렸다. 이에 넘어간 왕 도사는 장경동을 활짝 열어젖히고는 값을 매길 수 없는 귀한 고대의 문서들을 마음대로 골라 가도록 내버려두었다. 그들이 돌아가고 나니 이번에는 국내의 도적들이 혈안이 되어 남은 문서들을 훔치려 들었다. 돈 있는 자들은 드러내놓고 가져갔고 그렇지 못한 이들은 남몰래 훔쳐갔다. 그러는 동안 장경동의 경권은 반 이상이 사라져버렸다.

당시 천불동에는 왕 도사 말고도 곽 도사라는 이가 있었다. 젊어서부터 꾸준히 글을 읽어와 경전에 제법 깊은 조예를 지니고 있었던 그는 왕 도사의 경권 매각 행위에 큰 불만을 품고 그러한 왕 도사에게 자주 충고함으로써 경권의 불법 유출을 막아보려 하였다. 그러나 이미 돈에 환장하여 주지라는 자신의 직책에 기대어 대중을 기만하고 그들의 이목을 가리려는 왕 도사에게 그의 충고가 귀에 들어올 리 없었다. 이에 곽 도사는 천 년의 보물이 날로 사라지는 것을 안타까이 지켜만 볼 뿐 어찌할 도리가 없었다.

사람들의 말대로 부처의 노여움을 사서 천벌을 받은 건지, 몇 년 뒤 왕 도사는 원인 모를 병으로 갑작스레 죽고 말았다. 그리고 곽 도사가 사찰의 주지로 추대되었다.

주지가 된 곽 도사는 즉시 남은 경권에 대한 보호 작업에 들어갔다. 그는 몇 명의 믿을 만한 제자와 함께 하사 북측의 낡은 동굴들 가운데 깊은 동굴을 하나 고른 다음 그 동굴의 구석진 곳에 소굴을 하나 팠다. 그리고 깊은 밤에 귀신도 모르게 경권들을 그곳으로 옮겨놓고 벽을 쌓아 봉해버렸다. 그 뒤로 어느 누가 와서 경권을 요구하더라도 텅텅 빈 장경동으로 그들을 안내하며 적당히 둘러대었다.

그러던 어느 날 숙주부肅州府 태수 호 대인과 그의 권속들이 말과 가마를 타고서 병사들의 호위를 받으며 보무도 당당하게 천불동에 도착하였다. 호 대인은 그곳에서 향을 사르고 예불을 올리며 며칠 묵은 후 곽 도사의 대동하에 장경동을 구경하게 되었다. 거기서 뜻밖에도 텅 빈 장경동을 보자 호 대인이 노발대발하였다.

"아니, 수만 권이나 된다는 경서가 모두 어디로 갔느냐?"

"왕 도사가 서양놈들에게 모두 팔아넘겨 버렸습니다. 나리."

곽 도사가 떨리는 가슴을 억누르며 그렇게 대답했다.

"흥! 아직도 많이 남아 있다고 들었다. 대체 어디다 숨긴 것이냐?"

"저, 저⋯⋯."

곽 도사는 순간 어떻게 대답해야 좋을지 몰랐다.

"둘러댈 것 없다. 내 벌써 다 들어 알고 있다. 그대가 남은 경권들을 어떤 동굴 속에 감춰뒀다지? 가서 한번 봐야겠으니 오후에 날 그리로 안내하라!"

곽 도사의 대답을 기다릴 것도 없이 호 대인이 자르듯 말했다. 호 대인이 이렇게 나오자 곽 도사는 걱정도 되고 화도 나 멍하니 서서 식은땀만 줄줄 흘렸다.

'저자가 모두 알아버렸으니 이를 어떡한다? 내 머리가 잘리는 건 대수롭지 않으나 만일 경권들이 또다시 약탈된다면 구천에서 무슨 낯으로 부처님을 뵐 것인가. 어떻게 해서라도 경권들을 지켜내야만 한다!'

그런데 호 대인은 어떻게 그 비밀을 알았을까? 본래 그자가 먼길을 마다 않고 천불동을 찾은 목적은 예불을 드리는 데 있었던 것이 아니라 장경동의 경권을 탈취해 가는 데 있었다. 그 경권들을 몇 상자 손에 넣어 일부는 자신이 소장도 하고 또 일부는 상관에게 뇌물로 바쳐 출세가도를 달리고자 하였던 것이다. 그런데 한발 늦어 동굴이 이미 텅 비었다는 소문이었다. 이에 그는 그리로 심복을 풀어 경권의 행방을 알아오게 하였고, 그로써 남은 경권의 소재를 파악할 수 있었던 것이다.

이날은 마침 음력 사월 스무여드렛날이었다. 아침부터 그렇게 곽 도사를 몰아붙인 그는 오후가 되자 가복들과 함께 곽 도사를 앞세운 채 곧장 경권이 숨겨 있는 동굴로 향하였다. 그때 곽 도사 뒤에는 눈 주위가 까만 늙은 흰 개 한 마리가 따라오고 있었다.

동굴 앞에 이르자 호 대인은 동굴 속을 들여다봤다. 얼마나 깊은지 끝이 보이지 않는데다 휘휘 불어오는 찬바람과 음습한 기운에 동굴 입구에 서 있던 호 대인은 모골이 송연해졌다.

"이 동굴 이름이 뭣이냐?"

"흡풍동이라 합니다."

"이 안에다 경권을 감춰두었으렷다?"

"대인 나리, 이 동굴은 보시다시피 사람을 끌어당길 정도로 바람이 세서 아무것도 숨길 수가 없사옵니다."

"거짓말 마라!"

"나리께서 믿지 못하시겠다면 당장 보여드리겠습니다."

그러고는 곽 도사는 데려간 흰 개를 동굴 입구에 세운 뒤 품속에서 흰 만두를 꺼내 동굴 안으로 던졌다. 그러자 흰 개는 만두를 향해 쏜살같이 동굴 안으로 달려들어갔다. 한참이 지나도 개가 나오지 않자 곽 도사가 말했다.

"대인 나리 보십시오. 개가 바람에 휩쓸려 들어가 나오지 못합니다. 이 동굴은 명사산의 월아천과 연결되어 있으니 그 개는 며칠 후 월아천에 떠오를 것입니다."

궤계詭計가 많은 호 대인은 곽 도사가 자신을 속이는 게 아닌가 싶어 가복을 시켜 동굴 속으로 들어가 실제 그러한지 알아보게 하려 하였다. 이에 가복들은 깜짝 놀라며 서로를 바라만 볼 뿐 어느 누구도 감히 나서려는 자가 없었다. 화가 치민 호 대인이 가복 중에 하나를 끌어내 강제로 안으로 밀어 넣으니 그 가복은 벌벌 떨며 기다시피 안으로 들어갔다. 안은 갈수록 어둡고 미끄러운데다 경사도 가팔랐다. 게다가 음습한 바람이 뼛속까지 파고들어 도무지 앞으로 나아갈 용기가 나지 않았다. 그저 땅바닥에 한동안 쪼그리고 앉았다가 되돌아서 동굴을 나왔다.

"대인 나리, 이 동굴은 끝이 보이지 않고 차가운 바람이 뼛속까지 스며드는데다 또 칠흑같이 깜깜해서 아무것도 보이지 않습니다."

가복의 말을 듣고 호 대인이 곽 도사에게 물었다.

"저자는 어찌하여 바람에 휩쓸려 들어가지 않았는가?"

"동굴 안으로 다섯 길을 들어서야 빨려드는데 저자는 그 깊이까지 들어가지 않았기에 무사한 것입니다."

"좋다. 이번 오월 단옷날에 내 월아천에 다니러 갈 것인데 만일 그때 그 흰 개의 시체가 보이지 않는다면 너에게 죄를 물을 것이다!"

그러고는 씩씩거리며 돌아갔다.

단옷날이 되자 월아천은 사방팔방에서 몰려든 사람들로 북적거렸다. 근처에서 열리는 묘회廟會를 구경하기 위해서였다. 이른 아침 호 대인 또한 무리를 뒤딸린 채 으쓱거리며 월아천에 당도하였다. 도착하자마자 호수 위를 살펴보는데 아니나 다를까 거기에는 하얀 개 한 마리가 죽어 둥둥 떠 있었다. 건져 올려 살펴보니 틀림없이 흡풍동으로 뛰어들어간 눈가가 까만 그 흰 개였다. 그쯤 되자 어지간한 호 대인도 흡풍동이 강한 힘으로 사물을 빨아들이고 또 월아천과 연결되어 있음을 믿지 않을 수 없었다. 그리고 경권을 손에 넣으려던 계획도 깨끗이 단념하고 말았다. 그렇지만 그는 흡풍동에 관한 이 이야기만큼은 흥밋거리로 삼아 현에서 올라온 인사들에게 들려주니 들은 이들은 모두 신기해해 마지않았다. 이로부터 흡풍동에 대한 이야기는 널리 퍼져 이를 모르는 현지인은 아무도 없게 되었다.

그런데 흡풍동은 정말로 월아천과 연결되어 있을까? 사실은 그렇지 않다. 그렇다면 월아천에서 발견된 흰 개의 시체는 어찌된 걸까? 본래 곽 도사와 그의 제자들은 경권을 동굴 속에 숨긴 다음 그 비밀이 새어나갈 것을 걱정하여 동굴에 들어오는 자는 아무도 살아나갈 수 없게끔 바닥에 깊은 함정을 파두었는데, 그날 호 대인 앞에서 동굴 속으로 유인되어 살아오지 못한 그 개는 사실 이 함정에 빠져죽은 것이었다. 그리고 단오 전날 인적이 끊긴 야심한 시각에 곽 도사는 제자로 하여금 함정 속에 빠져 죽은 개를 꺼내 날쌘 말에 싣고 월아천으로 달려가 물속에 던져놓게 한 것이었다. 이 일은 당사자들 외에는 아무도 몰랐다. 그리하여 지금까지도 몇몇 인정 많은 노인들은 천불동을 유람하러 온 사람들에게 이렇게 신신당부한다.

"어떤 동굴에 들어가든 상관없지만 흡풍동 만큼은 절대 들어가선 안 되오. 자칫하면 목숨을 잃게 된다오."

돈황 유물에 대한 약탈과 갈취는 단지 서양 및 일본 제국주의자들에 의해서만 자행된 것은 아니었다. 유물의 값어치를 뒤늦게 깨달은 중국 정부의 보호 노력에도 불구하고 적지 않은 문서들이 사리사욕에 눈이 먼 중국 관리들의 손에 의해 민간으로 유출되었다. 이야기 속의 호 대인은 그러한 중국 위정자들의 파렴치함을 보여주고 있다.

왕 도사는 왕원록王圓籙(1849~1931)이라는 이름의 실존 인물이다. 고사 속에서는 그가 '돈에 환장'한 속된 인물로 묘사되고 있으나 사실은 그렇지 않다. 비록 그가 스타인과 펠리오 등의 꾐에 넘어가 약간의 돈을 받고 헤아릴 수 없는 양의 문서를 내주기는 하였지만, 그것은 순전히 사원의 복원 사업에 드는 비용을 대기 위해서였다. 그에게 있어 사원의 복원은 일생의 자랑이요 기쁨이자 보람이었다. 스타인은 깐깐해 뵈는 왕 도사의 환심을 사기 위해 마음에도 없는 왕 도사의 사원 복원 현장을 둘러보면서, "단순한 중국 시골뜨기의 일념에 감복하지 않을 수 없었"으며, 왕 도사의 "사원에 대한 헌신과 제 손으로 복원하겠다는 종교적 사명감은 진실한 것이었다"고 그의 『중국 사막의 유적들』에서 적고 있다. 어리석다 할 수는 있을지언정 '돈에 환장'한 인물로는

왕원록

보이지 않는다.

그럼에도 불구하고 그에 대한 후세 중국인의 평가는 야박하다. 그러한 불교 성지를 일개 도사에게 떠맡긴 당시 중국 정부의 무관심에 대한 질책보다는, 종교적 사명감을 위해 그로서는 최선의 선택을 한 것일 수도 있는 그에게 '돈황 석굴의 죄인'이라는 낙인을 찍고 있는 것이다. 그의 어리석음으로 야기된 국가적 손해가 막대하기 때문이라지만 돈황 문물의 유실을 무지한 그 한 사람에게 모든 책임을 지우는 것 같아 개운치가 않다.

그런데 선뜻 이해할 수 없는 점은 그런 '죄인'의 묘가 막고굴 매표소 앞 공터에 떡 하니 버티고 서 있다는 사실이다. 그것도 '공이 백세에 드리우다(功垂百世)'라는 제명하에 생전의 그의 사적事迹이 제법 상세히 적힌 비문과 함께. 아무리 그의 두 제자들에 의해 세워진 것이라지만, 그 '죄인'의 묘를 다른 데도 아니고 정문 매표소 앞에 세워둔 것은 이해가 좀 안 되는 게 사실이다. 최소한 막고굴 구석 어디로라도 옮겨 두는 게 죄인이라는 딱지를 붙인 중국인들의 편치 못한 심사에 어울릴

왕원록의 묘탑과 비문

텐데 말이다. 같은 실수를 두 번 다시 저질러서는 안 된다는 경각심을 국민들에게 심어주기 위해서일까, 아니면 단순한 하나의 볼거리를 방문객들에게 제공하기 위해서일까.

그리고 곽 도사라는 인물은 실존한 인물이 아닌 듯하고, 그의 돈황 유서 보호 노력도 허구로 보인다. 고사에서는 왕 도

사가 죽고 나서 곽 도사가 그의 뒤를 이어 사찰의 주지가 되고 돈황 유서의 보존에 심혈을 기울이는 것으로 나와 있는데, 왕 도사가 죽기 훨씬 이전에 돈황 유서는 이미 국외나 북경 등지로 운송되어 막고굴에는 더 이상 유서가 남아 있지 않은 까닭이다.

흡풍동이라는 동굴 역시 사실이 아니다. 필자가 막고굴 입구에서 돈황연구원 직원으로 보이는 사람들에게 흡풍동의 존재에 대해 물어보았는데 그들은 한결같이 터무니없다는 표정들이었다. 그런 동굴 이름조차도 들어본 적이 없다는 것이었다. 그들의 무지를 나무라야 할까, 아니면 전설을 전설로 받아들이려 하지 않는 필자의 순진함을 탓해야 할까?

오색 깃발과 갑옷이 오색의 모래가 되다

- 명사산鳴沙山의 오색 모래

명사산

멀리서 바라보는 명사산은 휘황찬란한 황금 빛으로 눈이 부시지만 직접 산에 올라서서 보면 홍, 황, 녹, 백, 흑색의 오색 모래 입자들이 뒤섞여 있는 것을 발견할 수 있다. 이 오색 모래의 유래에 대해서는 다음과 같은 전설이 전해 내려온다.

옛날에 용감하고 싸움에 능한 장군이 있었다. 그의 군대는 홍, 황, 녹, 백, 흑색의 오색으로 기치와 갑옷이 구분되어 있었다. 말하자면 홍색 기치에 홍색 갑옷, 황색 기치에 황색 갑옷 하는 식이었다. 어느 해 그는 황제의 명을 받들어 휘하의 군대를 이끌고 서정西征을 나서게 되었다. 정기旌

旗는 하늘을 가리고 창검은 햇빛에 번쩍이는데 그 모습이 대단히 위풍당당하였다. 전장에 도착한 그의 군대는 적과 싸움을 벌일 때마다 매번 승리를 거두니 얼마 안 가서 적병을 모조리 섬멸시킬 수 있었다. 혁혁한 전과를 세우고 개선하던 병사들은 양관을 지나 명사산 부근에 영채를 세우고 숙영을 하게 되었다.

당시 명사산 일대는 누런 모래 같은 것은 존재하지 않는, 짙푸른 수목이 울창하고 기이한 화초 향내가 진동하며 맑은 샘물이 졸졸 흐르는 그야말로 놀고 즐기기에 더할 나위 없이 훌륭한 장소였다. 병사들이 주둔 채비를 하는 동안 장군은 잠시 생각에 잠겼다.

'이번 싸움에서 승리할 수 있었던 것은 이들 병사들이 피땀을 흘리며 용맹하게 싸워준 덕분이다. 이제 마땅히 그들을 푹 쉬게 해야 하리라.'

그러고는 영을 내려 말안장과 고삐를 풀어 말을 쉬게 하고 병사들에게는 갑옷을 벗어버리게 하였다. 그리하여 그들은 밤에 보초병조차 세우지 않은 채 고기와 술을 먹고 마시며 마음껏 휴식을 즐겼다.

이때 기련산에는 한떼의 흉악한 도적들이 머물고 있었다. 장군의 용맹성을 익히 들어 줄곧 그의 군대로부터 멀리 떨어져 있으면서 싸움을 피해오던 그들은 장군이 서역 정벌을 위해 성을 비운 틈을 타 돈황으로 쳐들어와 살생과 방화를 일삼고 재물을 약탈하고는 장군의 개선 소식에 얼른 기련산으로 숨어들었던 것이다. 그러는 도적들에게 하루는 한 염탐꾼으로부터 뜻밖의 정보가 날아들었다. 이 장군이 이끄는 군사들이 청산 아래에 주둔해 있는데 상대의 기습 공격에 대한 아무런 대비도 없이 모두 갑주를 벗어버린 채로 널브러져 쉬고 있다는 것이었다. 이 소식을 접한 도적 우두머리는 바로 이때다 싶었다. 즉각 대규모 인마를 몰아 청산으로 짓쳐 들어갔다.

한 치 앞이 보이지 않는 깜깜한 밤, 깊은 단잠에 빠져 있던 장군과 병사들은 늑대가 울부짖는 듯한 요란한 소리에 깜짝 놀라 군막을 뛰쳐나왔다. 적병들이 살기등등한 기세로 자신들의 진영을 덮쳐오고 있었다. 깊은 잠에서 막 깨어난 장군과 병사들은 허둥대며 어찌할 바를 몰랐다. 말을 타려 해도 안장을 찾을 수가 없었고 갑옷을 입으려 해도 그럴 틈이 없었다. 손에 닿는 대로 병기를 집어 들고 맞서 싸웠다. 순식간에 일대는 죽고 죽이는 비명과 고함 소리가 천지를 진동했다. 백전백승의 병사들이었지만 전혀 무방비 상태였던 그들은 누군지조차 모르는 적의 손에 크게 다치거나 목숨을 잃으니, 일대는 흐르는 피로 내를 이루고 나자빠진 시신이 골짜기를 가득 메웠다. 날이 밝자 온몸이 피로 뒤범벅이 된 장군은 자신의 군대가 전멸한 것을 보고 하늘을 향해 크게 장탄식했다.

"자만에 빠진 병사는 반드시 패배하고 만다는 옛말이 전혀 틀리지 않도다!"

그러고는 스스로 목숨을 끊었다.

기습공격으로 대승을 거두고 한껏 기세가 오른 도적의 우두머리는 다시 인마를 규합하여 내친 김에 사주성까지 차지하려 들었다. 사주성을 향한 진격 명령이 막 내려지는 순간, 돌연 사방에서 흑풍이 몰아닥치더니 일순 천지가 암흑 속에 잠기고 모래가 폭우처럼 하늘에서 내리쏟아지며 온 세상을 뒤덮었다. 이에 산 자나 죽은 자 가릴 것 없이 도적떼는 누구 하나 달아나지 못하고 모조리 모래 속에 파묻혀버렸다. 이리하여 사주성의 푸른 산 맑은 물은 모조리 거대한 모래산으로 변하고 말았다.

이후 모래산은 바람이 불면 우르르 우르르 하는 소리를 내는데 자세히 들어보면 마치 북과 징 소리 같기도 하고 칼과 창이 서로 부딪는 소리 같기도 하다. 바람이 거세지면 천군만마가 서로 싸우는 듯한 소리를 낸다. 그리하여 사람들은 이 모래산을 '모래가(沙) 우는(鳴) 산(山)'이라 하여 명사산이라 불렀다. 바람에 날리는 모래 알갱이는 다섯 가지 빛깔을 띠고 있는데, 이것은 죽어간 병사들의 오색 깃발과 갑옷이 변한 것이라 한다.

오색 모래는 철배어鐵背魚 칠성초七星草와 함께 명사산의 '삼보三寶'이다. 멀리서 보면 온통 황색 모래로밖에는 안 보이나 가까이 가서 들여다보면 흰색이나 검정색 등의 입자가 조금씩 섞여 있는 것을 볼 수 있다.

명사산이 우르르 소리를 내는 것은, 모래산으로 사방이 둘러싸인 월아천이 모래에 파묻히지 않는 것과 더불어 옛사람들로서는 이해할 수 없는 기이한 현상이었다. 그리하여 그들은 이 같은 전설로써 그 불가사의한 현상을 해석하고자 하였다.

과학적인 해석이 아니면 직성이 풀리지 않는 현대인(필자를 포함하여)은 이 명사산의 수수께끼를 과학적으로 풀이해보려 하였다. 그 가운데 세 가지 설을 소개해보면, 첫째는 정전기 방전설이다. 명사산 모래 입자에는 석영 결정체가 다분한데, 이것이 사람이나 바람에 의해 위아래로 이동하면서 마찰이 생겨 정전기가 발생하고, 그 정전기가 방전되면서 소리를 낸다는 것이다. 천둥소리가 벼락이라는 방전 현상에 의해 울리듯이 말이다. 둘째는 마찰설이다. 날씨가 더워지면 모래 입자는 극히 건조해지고 또 뜨거워지는데, 이때 약간의 마찰을 가하면 불꽃이 튀는 듯한 소리가 들린다는 것이다. 셋째는 공명설共鳴說이다. 여러 봉우리의 모래산으로 둘러싸이면 그 봉우리 사이사이는 천연의 공명상자共鳴箱子를 이루게 되고, 유사流砂가 흘러내릴 때의 마찰 소리와 방전 소리가 이곳 천연의 공명상자를 지나면서 공명되어 거대한 메아리로 들려온다는 것이다.

우르르 소리가 난다는 것 외에 명사산에는 또 다른 신비로움이 있다. 여름철의 명사산은 여행객의 발길이 끊이지 않는 곳이고 이곳에 와서 정상에 올라가지 않는 사람은 거의 없다. 올라가는 재미도 재미지만 내려갈 때의 즐거움은 더 크다. 한 걸음 오르면 반 걸음 아래로 후퇴하던 올라갈 때와는 달리, 한 걸음 내딛으면 모래와 함께 2, 3미터가 훌쩍 내려간다. 명사산의 불가사의는 여기에 있다. 그 많은 사람들이 하산하면서 그렇게 모래를 아래로 아래로 실어 나르는데도 명사산의 높이는 전혀 변하지 않을뿐더러 그 모습도 항상 똑같다는 것이다. 어찌 그럴 수 있을까 싶다. 그 많은 사람들이 정상에서 발을 동동 구르며 아래로 내려가다 보면 그 높이가 낮아지는 게 당연하고, 바람이 불어옴에 따라 모래산의 모습이 변하는 것은 당연할 텐데 말이다. 이는 월아천이 모래에 파묻히지 않는 원인이기도 한, 그곳의 독특한 지형 때문인데, 아래로 쓸려간 모래가 그곳의 특이한 지형에 의해 야기되는 상승 회전력을 지닌 바람에 실려 산 정상 쪽으로 다시 날려 올려 보내지는 까닭이다.

모래 속에 생매장당한 사자死者의 원성

- 명사산의 징소리 북소리

사 람들은 월아천 북측에 있는 모래산을 앞산이라 부르고 남측에 있는 모래산을 뒷산이라 부른다. 흔히 뒷산은 우르르 소리를 내는 반면, 앞산은 징과 북이 울리는 소리를 낸다고들 하는데, 이 징소리와 북소리는 어찌된 것일까?

아주 오랜 옛날 월아천 남측에는 검푸른 빛깔의 바위산이 우뚝 솟아 있었고, 북측에는 바닥이 보일 정도의 맑고 깨끗한 하천이 흐르고 짙푸른 나무들이 숲을 이루며 기화요초가 아름답게 만발한 비옥한 평지가 펼쳐져 있었다. 게다가 눈부시게 화려한 사찰과 사당들이 어우러져 별천지를 이루고 있었다.

사찰과 사당이 여럿이다 보니 월아천 주위에서는 묘회廟會[1]도 자연 빈번히 열렸다. 묘회가 열리는 날에는 일반적으로 신불神佛을 향한 공경의 극이 상연

---

1) 본래는 많은 사람이 참배하는 사묘의 제례祭禮를 의미하지만, 일반적으로 묘회에 부수

1940년대 막고굴의 묘회

되곤 하였다. 예를 들면 이월 초이틀에는 용왕, 오월 단옷날에는 약왕藥王,[2] 팔월 보름에는 월왕月王[3]에게 바치는 극이 상연되었다. 특히 매년 정월에 열리는 묘회는 연극 공연 말고도 인근 마을에서 올라온 놀이패들이 펼치는 각종 곡예들로 몇날 며칠 흥청거렸다.

어느 해 정월 대보름, 사람들은 새 옷으로 갈아입고 손에 손에 형형색색의 화려한 등롱을 들고서 흥겨운 마음으로 월아천에 모여 등롱도 구경하고 연극도 보고 놀이공연도 구경하였다. 저녁이 되고 보름달이 휘영청 밝게 떠오르자 월아천 일대는 일순 금은 가루를 뿌려놓은 듯 휘황해지며 한층 명절 분위기가 달아올랐다. 연극을 공연하는 자, 용등춤을 추는 자, 뱃놀이 극을 하는 자, 요란한 징과 북 소리가 한데 어우러지며 흥겨운 잔치 마당이 펼쳐졌다. 여기서 판이 열리면 저기서는 또 다른 판이 열리며 서로 누가 누가 더 흥겹고 신명나게 놀이판을 벌이는지 경쟁이라도 하는 듯했다.

적으로 열리는 각종 노점이나 오락적 행사를 가리킴.
2) 도교신으로서의 약왕은 편작扁鵲이나 손사막孫思邈 등을 가리키고, 불교도에게의 약왕은 약왕보살을 가리킴.
3) 달에 대한 존칭.

한편 월아천에서 서쪽으로 백오십여 리 떨어진 양관陽關 너머에는 풀 한 포기 자라지 않는 일망무제의 광대한 사막이 펼쳐지는데, 이 모래바다 속에는 사람 해치기를 일삼는 흉악하고 난폭한 황룡 일가가 살고 있었다. 이 황룡이 한 번 기침을 하면 하루 내내 거센 바람이 불고, 한 번 재채기를 하면 사흘 동안 흑풍이 불며, 한 차례 포효하면 입에서 뿜어져 나오는 모래가 작은 산을 이루었다. 그래서 옥황상제는 이 황룡의 가족들이 양관 너머 동쪽으로 한 발짝도 넘어서지 못하게 엄한 금지령을 내리고 위반시에는 죽음으로 다스리겠다는 엄명을 내렸다. 이 황룡 일가에는 호기심 강한 아들 하나가 있었다. 기나긴 세월 동안 인적이라고는 전혀 없는 황막한 사막에서만 지내온 그는 돈황에 가서 세상 구경도 하고 인간들과 함께 떠들썩거리며 놀아보고 싶다는 생각을 줄곧 갖고 있었다. 그러나 지엄한 옥황상제의 명령을 함부로 거역할 수도 없었을 뿐더러, 부친 또한 그를 엄히 단속하고 있었기에 그의 바람은 실현되기 어려웠다.

이해 정월 초나흘에 징과 북이 울려대면서부터 아들 황룡의 마음은 더욱 들떠 안절부절못하였지만 그로서는 도무지 몸을 빼낼 방도가 없었다. 정월 대보름날이 되자 도저히 참을 수가 없게 된 그는 술로 주위의 시종들을 취하게 만든 다음, 날이 어두워진 틈을 타 모래 궁전을 슬그머니 빠져나와 젊은 사람으로 몸을 바꾼 뒤 월아천으로 구경을 나섰다.

'기침하지 말고 재채기하지 말고 소리 지르지 말자.'

아들 황룡은 한창 흥청거리는 월아천에 들어서면서 자신이 금기해야 할 사항을 잊지 않으려고 중얼거렸다. 사람들 틈에 끼여 이 무대 저 무대를 옮겨 다니며 구경에 열을 올리던 그는 점차 흥미진진한 놀이판에 깊이 빠져들었다. 수십 명의 사람들이 교룡 모양의 커다란 등롱 하나를 뒤집어쓰고 왼쪽으로 돌다 오른쪽으로 돌기도 하고 위로 치솟다가 아래로 꺼지듯 내려오기도 하는데, 그 모습이 마치 실제 용이 구름과 안개를 부리며 나는 듯했다. 구경꾼들은 연신 박수를 치며 환호했다. 눈을 휘둥그레 뜨고서 헤벌쭉 벌어진 입을 다물 줄 모른 채 용등춤에 빠져 있던 아들 황룡 역시 자신의 금기를 잊고 그만 큰 소리로 환호성을 질렀다.

"우아, 참으로 대단하다!"

그러자 돌연 거센 모래바람이 휘몰아치더니 천지가 칠흑같이 어두워지고 모래가 쏟아 붓듯 날아들더니 잠깐 사이에 모래산 하나가 우뚝 들어섰다. 연극 공연단이며 놀이패며 구경꾼들을 모조리 그 속에 파묻어버린 채로였다. 그제야 정신이 번쩍 든 아들 황룡은 후회막급이었지만 이미 엎질러진 물이었다.

'무고한 생명들을 무수히 해쳤으니 돌아가더라도 살아남을 수 없을 거야.'

이렇게 생각하고 아들 황룡은 훌쩍 하늘로 솟구쳐 남쪽에 있는 바위산에 부딪쳐 죽고 말았다. 이리하여 검푸른 빛의 바위산은 기복이 있는 누런 모래산으로 변해버렸다.

느닷없이 날려든 모래에 생매장당한 연극단과 놀이패들은 그야말로 억울하기 짝이 없는 죽음을 당하고 만 셈이다. 그 후 사람들이 산에 오를 때면 그들의 혼령은 일제히 징과 북을 울려대며 자신들의 억울함을 하소연하였다. 명사산 앞산이 악대樂隊가 연주하는 듯한 소리를 내는 것은 바로 이 까닭이라 한다.

명사산이 우르르 혹은 징과 북 소리를 내는 데 대해서는 앞서의 '오색 모래'에서 이야기한 바 있다. 이것은 그에 대한 또 다른 전설로서, 명사산의 앞산(1,240m)은 황룡에 의해 억울하게 생매장당한 연극 놀이패들의 원성으로 징과 북 소리를 내고, 황룡이 죽어 변한 뒷산(1,715m)은 그의 포효소리로서 우르르 소리를 낸다는 것이다.

앞산과 뒷산이 서로 다른 소리를 낸다는 것은 필자가 확인해볼 수는 없었지만 돈황 현지인의 말에 의하면 실제로 그렇다고 한다. 오늘날에도 음력 5월 5일 단옷날이면 돈황 사람들은 너나 할 것 없이 모두 명사산에 올라 일제히 발을 동동 구르고 고함지르며 아래로 뛰어 내려오는데, 동행하던 현지인은 그때의 경험을 예로 들었다. 정말 그럴까 싶어 귀를 기울여도 보았지만 들리는 것은 나직하게 하늘을 날고 있는 소형 비행기의 윙, 하는 소리뿐이었다. 언제부턴가 시작된 명사산 비행 관광이 모래의 울음소리를 잠재우고 있었다.

중국에는 돈황의 명사산처럼 모래가 우는 듯한 소리를 내는 모래산들이 몇 개 더 있다. 신강 하미哈密의 명사산, 영하회족자치구 쫑웨이中衛의 샤포토우沙坡頭, 내몽고자치구 빠오토우包頭의 샹사완響沙灣 등은 돈황의 명사산과 더불어 이른바 4대 명사산이라 불린다. 그중 하미의 명사산이 모래가 우는 듯한 소리로는 최고라고 하나, 산세의 아름다움이나 웅장함으로는 돈황의 명사산을 따르지 못한다.

달을 빌려 호수를 만들다 – 월아천月牙泉

아 주 오랜 옛날 돈황 일대는 명사산도 월아천도 존재하지 않았고 일망무제의 고비사막만이 망망히 펼쳐져 있을 뿐이었다. 다만 삼위산 자락에 작은 오아시스가 있어 사람들은 그곳에 붙박여 살아가고 있었다.

어느 해 이곳에 극심한 가뭄이 들었다. 우물은 바닥을 드러냈고 수목은 시들었으며 농작물은 말라죽었다. 사람들은 견디기 힘든 목마름과 배고픔에 시달리다 못해 소리 높여 슬피 울었다.

때마침 아름답고 선량한 백운선녀가 하늘을 날며 노닐다가 이곳을 지나게 되었다. 황량하기 짝이 없는 농토와 가슴을 에는 듯한 인간들의 통곡소리를 대하자 백운선녀는 자신도 모르게 가슴이 아려왔다. 당장

명사산 위에서 바라본 월아천

에라도 비를 내리게 하여 인간들의 고통을 덜어주고 싶었지만, 용왕의 명령 없이는 비를 관장하는 뇌공雷公과 전모電母의 도움을 받을 수가 없었기에 안타까움으로 그녀는 그저 눈물만 뚝뚝 흘려야 했다. 그런데 어찌된 일인지 그녀가 흘린 눈물방울들은 지상으로 떨어지자 쪼르르 한곳으로 모이더니 뜻밖에도 맑은 샘으로 화하였다. 졸졸졸 샘물이 넘쳐흘러 말라 갈라진 농토를 적시고 시들어가는 수목을 푸르게 만들고 각종 농작물의 싹을 틔우니 사람들은 기뻐서 어쩔 줄 몰랐다.

사람들은 백운선녀의 은덕에 감사하기 위하여 그녀를 백운보살이라 부르며 샘가에 그녀를 기리는 사당을 세우고 안에는 황금빛으로 반짝이는 그녀의 소상塑像을 안치하였다. 그로부터 그곳은 백운선녀에게 참배를 드리려는 방문객들로 문전성시를 이루었다. 반면에 맞은편의 신사관神沙觀에는 참배객의 발걸음이 뚝 끊겼다.

당시 신사관에는 신사 대선인이 살고 있었다. 서쪽 하늘을 유력遊歷하고 돌아온 그는 자신의 사당이 사람들로부터 푸대접을 받고 있는 모습을 보고 발을 동동 구르며 노발대발 백운선녀를 욕했다.

"이 모래바다는 바로 나의 관할이거늘, 애송이 백운이 되잖은 신통을 부렸구나. 좋다, 누가 더 대단한지 어디 한번 겨뤄보자!"

그리고는 샘가로 다가와 모래를 한 움큼 쥐고서 "일어나라!" 하는 고함과 함께 휙 하니 모래를 뿌렸다. 그러자 일망무제의 사막에서 돌연 거대한 모래산이 불쑥 솟아나더니 샘 주위를 에워싸버렸다. 이리하여 샘물은 점점 줄어들기 시작하였고 사람들은 또다시 걱정에 빠졌다.

"가뭄 귀신이 다시 찾아왔으니 앞으로 또 어찌 살아야 하나?"

사람들의 탄식소리를 듣고 놀라 달려온 백운선녀는 샘가에 솟아 있는 거대한 모래산을 보고 그것이 신사 대선인의 짓임을 알아차렸다. 다시 법술을 부려 그에게 보복하려 하였지만 장소가 그의 관할인지라 뜻 같지가 못했다. 백운선녀는 잠시 생각에 잠기더니 문득 구천九天에 있는 항아姮娥선녀를 찾았다.

백운선녀의 방문을 받은 항아가 그녀를 광한궁으로 안내하고는 물었다.

"특별한 일이 없으면 이 구천에 올라오지 않는 자매님이거늘, 오늘 이렇게 저를 찾아온 데는 분명 긴요한 일이 있겠지요?"

"뭘 좀 빌리러 왔지요."

"그게 뭔지 어서 말씀해보세요."

"다름 아닌 바로 달님입니다."

"달님은 빌려다 어디에 쓰시게요?"

"신사 대선인이 저를 업신여깁니다. 그 작자가 모래로 샘을 메워버리려 하거든요. 샘이 말라버리면 인간들이 고통을 받게 되는데 말이에요. 그래서 달을 빌려다가 그자와 법술 대결을 벌일 작정이랍니다."

"동생이 인간들을 행복하게 해주려 하니 나도 당연히 동생을 돕고 싶은데, 공교롭게도 오늘이 초닷새라서 달님이 아직 둥글지가 않군요."

"상관없습니다. 초닷새 조각달이라도 좋으니 좀 빌려주시어요."

백운선녀의 간청에 항아는 흔쾌히 조각달을 내주었다.

백운선녀는 초승달을 받쳐들고 자신의 사당으로 되돌아와 그것을 사당 앞에 내려놓았다. 그러자 눈 깜짝할 사이에 달은 수정같이 맑고 깨끗한 물로 가득 찬, 푸른 물결 출렁이는 초승달 모양의 호수로 화하였다. 이 호수가 바로 오늘날의 월아천이다.

　이 일이 신사 대선인에게 알려지자 그는 또다시 법술을 부려 월아천을 메워 버리려 하였다.

　"이 작자, 남을 괴롭히는 데도 분수가 있지, 도무지 끝을 모르는군!"

　신사 대선인의 횡포를 가만히 지켜보고 있던 항아선녀가 그를 꾸짖으며 소맷자락을 한 차례 휙 날리니 돌연 한 줄기 시원한 바람이 휘잉 하고 불어 호수를 메운 모래를 순식간에 산꼭대기 쪽으로 날려버렸다. 이 광경을 지켜보던 대선인은 몸 안의 구멍이란 구멍에서 모두 꾸역꾸역 연기가 피어오를 정도로 분기가 치솟았다. 발을 동동 구르며 벼락같은 소리를 내질렀지만 그로서는 어찌해볼 도리가 없었다. 항아선녀에 의해 산꼭대기로 날려간 모래는 오늘날의 명사산이 되었다.

　수천 년이 흐르는 동안 월아천은 단 한 차례도 모래에 뒤덮이는 경우가 없었다. 오늘날에도 우리는 신사 대선인의 분노에 찬 고함소리인 듯한 명사산의 우레소리를 들을 수 있고, 또 항아선녀의 소맷자락에서 부는 바람에 의해서인지 명사산에서 월아천이 있는 아래로 흘러내리던 모래가 살랑살랑 부는 미풍에 의해 산 정상 쪽으로 날려 되올라가는 기이한 광경을 목격할 수 있다.

월아천 남쪽에는 본래 이 고사에 등장하는 신사관神沙觀을 비롯하여 옥황루玉皇樓, 보살전菩薩殿, 약왕전藥王殿 등이 있었다는데 오늘날에는 모두 사라져 존재하지 않는다. 지금은 중국의 개혁 바람과 함께 지어진 월천각月泉閣이나 청뢰헌聽雷軒 등의 누각이 있어 내방객의 풍경 감상과 휴식을 위한 장소로 사용되고 있을 뿐이다.

모래산으로 둘러싸여 있는 월아천이 모래에 메워지지 않고 수천 년을 내려올 수 있었던 것은 그 일대의 독특한 지형 때문이다. 월아천 북측의 모래산은 앞산이라 부르고 남측의 것은 뒷산이라 부르는데, 이 앞산과 뒷산은 월아천 서쪽에서 낮은 언덕을 이루며 하나로 연결된다. 그리고 북동쪽은 툭 트여 있어 바람이 불어오는 통로가 된다. 돈황에는 보통 북서풍이나 동풍이 분다. 모래를 동반한 바람은 그 특수한 지형의 영향을 받아 이곳에서 세 갈래 서로 다른 방향으로 갈라지면서 월아천 주위의 산언덕을 따라 원심 상승 회전운동을 일으키며 지니고 있던 유사流砂를 산 정상 쪽으로 날려 올려 보낸다. 그리하여 바람이 몰고 온 유사와 월아천 주위의 명사산에서 흘러내린 모래가 바람에 의해 다시 산 위로 올려 보내지는 것이다. 이것이 월아천이 모래에 파묻히지 않는 비밀이다.

그런 월아천이 사라져버릴 위험에 직면해 있다고 한다. 그 직접적인 원인은 지하수의 부족으로 인한 월아천 수량水量의 절대적인 감소에 있다. 지하수가 부족하게 된 데는 당하黨河댐에서 물을 가두어 돈황 시내를 관통하는 당하로 물을 흘려보내지 않는 까닭이다. 강물의 흐름은 단순히 물의 이동만을 의미하지는 않는다. 이동과 동시에 하천 바닥으로 끊임없이 물이 스며들어 일대의 지하수를 풍족히 해준다. 그런 강물이 상류의 댐에 의해 차단되어 흐르지 못하게 되니 중하류 지역의 지하수가 급감하게 된 것이다. 돈황 근교를 지나는 소륵하疏勒河 역시 그 상류에 저수지(즉 안서 쌍탑저수지雙塔水庫)가 있어 돈황에 이르기도 전에 말라버리고 만다. 게다가 농사에 물이 필요한 철에만 댐을 방류하니 주민들은 너도나도 우물을 파기 시작하였는데, 이 역시 지하수 감소의 원인이 되었다. 1980년대에 이미 우물 수가 2천 개를 넘었다 한다. 30년 전만 해도 4~5미터만 파면 물이 나왔는데 지금은 80~90미터를 파내려가도 물이 보이지 않는다 한다. 지하수 급감의 심각성을 단적으로 보여준다.

1980년대 들어 월아천의 물이 급격히 줄어들었다. 한 해에 자그마치 20~30센티미터씩 줄어들어 1950년대만 해도 평균 5미터에 달했던 수심이 한때 0.8미터 안팎밖에 안 되었다고 한다. 그런 월아천을 보호하기 위해 중국정부는 1986년 월아천 옆에 인공으로 연못을 건설하여 인위적으로 월아천으로 물을 보내어 월아천의 수면을 높였다. 월아천을 얘기할 때면 항상 따라 다니는 '자연의 기이한 풍광(自然奇觀)'이라는 수식어가 무색해지는 조치였지만 당장에 수면을 상승시킬 수 있어 언뜻 성공적인 방안으로 보였다. 그러나 곧 문제가 생겼다. 인공으로 깊어진 수심으로 인해 월아천 바닥의 샘구멍이 수압을 못 견뎌 더 이상 물이 솟아나지 않는 것이었다. 물이 솟아나지 않는다면 그것은 죽은 호수나 다름없었다. 그리하여 2001년에 보다 덜 인위적인 방법이 사용되었다. 월아천 1킬로미터 밖, 십여 미터 높은 지대에 못을 하나 만들어 두고 그곳에서 땅속으로 물을 흘려보내어 월아천의 지하수를 늘려주는 방법이었다. 이리하여 월아천의 샘구멍이 다소 활성화되었고 수심도 1.1미터 정도로 회복되었다고 한다. 그러나 이 역시 근원적인 해결책은 될 수 없어 언제 다시 월아천에 위기가 닥칠지 알 수 없다. 매년 2미터씩 돈황 시내로 흘러드는 유사를 언제까지나 이 같은 미봉책으로 현상을 유지해나갈 수 있을지 두고 볼 일이다.

곱사등이의 등을 펴게 하다 - 철배어鐵背魚

월아천에는 배는 눈처럼 하얗고 등은 무쇠처럼 새까만 물고기가 살고 있다. 일명 철배어라 불리는 이 물고기는 월아천 삼보三寶의 하나로서 난치병 치료에 효능이 있다고 전해오고 있다.

그러나 처음부터 이 물고기가 치병治病에 쓰였던 것은 아니었다. 지금 얘기하려는 이 곱사등이 청년이 월아천에 출현하기 전까지만 해도 철배어는 포획 절대 금지에다 식용 절대 불가의 대상이었다.

뇌음사. 중국 최서단에 위치한 사찰이다.

월아천 일대 사찰의 도사들이 이 물고기를 신어神魚로 받들어 모신데다가 또 몸 안에 독이 있다고 알려져 어느 누구도 감히 잡아먹을 엄두조차 내지 못했던 것이다. 그런 철배어가 그간의 호시절을 마감하고 인간의 치병을 위한 약재거리가 되고 만 것은 순전히 이 곱사등이 청년의 공로(?)였다.

그는 솥을 짊어지고 있는 듯 등이 불쑥 솟아 있는 곱사등이였다. 그것도 단순한 곱사등이가 아니라 원통형의 말을 뒤엎어 놓은 듯 가슴조차 불룩 튀어나온 안팎곱사등이였다. 게다가 눈은 비딱하고 코는 볼품없이 비뚤어지고 살갗은 여든 먹은 노인마냥 쪼글쪼글하며 광택이라곤 없었다. 흉측하기까지 한 그러한 몰골로 중원 땅의 고향을 떠난 뒤 낡은 사발이 담긴 너덜너덜한 걸망을 어깨에 걸머메고 버드나무 지팡이에 의지하며 정처 없이 이리저리 떠돌며 빌어먹어 오던 그였다. 그런 그가 돈황 땅에 와서는 어찌된 일인지 줄곧 월아천 주위만 며칠을 두고 어슬렁거리더니, 무슨 생각이 들어서인지 더 이상의 비렁뱅이 생활을 그만두고 이곳에서 출가 수행하기로 마음을 먹게 되었다.

그는 먼저 뇌음사雷音寺로 가서 자신의 뜻을 이야기하였다. 그러나 사찰의 주지는 그의 추한 모습을 보고 그의 부탁을 단호히 거절하였다. 다음으로 그는 낭낭묘娘娘廟를 찾았다. 그러나 그곳의 주지 역시 그에게 말라비틀어진 만두 몇 개를 던져주며 되돌려 보냈다. 그렇게 몇 차례의 좌절을 겪은 끝에 실의에 찬 그가 마지막으로 찾아간 곳은 신사관神沙觀이었다. 그곳에서 그는 더 이상 물러날 곳이 없다 싶은 심정에 아예 통사정조가 되어 그곳의 도사에게 제자로 받아들여줄 것을 간절히 청하였다. 유 도사라 불리는 이 도사는 그런 그의 모습이 가엾고 애처로워 마뜩찮은 대로 그의 간청을 받아들였다. 그리하여 곱사등이 청년은 유 도사를 스승으로 섬기며 신사관에 머물게 되었다. 하루는 유 도사가 다정한 목소리로 그에게 어쩌다가 그런 흉한 모습을 하게 되었으며 왜 이곳까지 오게 되었는지 물었다. 스승의 물음에 잠시 망설이던 그는 긴 한숨을 내쉬며 그간 자신이 겪어온 바를 들려주었다.

"제 나이 열여덟 되던 해 봄날, 저는 우물 파는 일에 고용되었는데 한번 파내려가기 시작하면 우물 밖으로 나올 틈도 없이 꼬박 한나절을 파야 했었습니다. 악독한 주인이 임금을 아끼려고 교대할 인부를 일부러 부르지 않았던 까닭이었지요. 그렇게 매일같이 우물을 파던 중 저는 석 달이 못 되어 쓰러지고 말았습니다. 먼저 경련이 일어나 입이 일그러지더니 머지않아 등이 낙타처럼 굽어지고 허리가 끊어지듯 아파오고, 급기야는 아무 일도 할 수 없는 지경에까지 이르게 되었습니다. 일거리도 얻을 수 없게 되어 살 길이 막막해진 저는 사방으로 용한 의원을 찾아다니며 온갖 약을 다 먹어봤습니다만 튀어나온 등과 굽은 허리는 아무래도 펴지지 않았지요. 그러던 차에 선량하면서 의술에도 뛰어난 어떤 의원을 만났는데, 그분은 자신의 처방이 효험이 없자 제게 그러는 것이었습니다. 희귀한 질병은 희귀한 치료법으로 다스려야 할 것 같다, 하시면서 서쪽에 월아천이란 샘이 있는데 그 속에 살고 있는 철배어라는 물고기가 저의 병을 치료할 수 있다는 것이었습니다. 그렇지 않으면 이 몸은 스물다섯을 넘기지 못할 것이라는 것이었습니다. 유일한 살길인지라 저는 온갖 고초를 무릅쓰며 월아천이 있다는 서쪽을 꼬박 삼 년 동안 헤매 다녔습니다. 수없이 많은 주州와 현縣을 거치고 나서야 겨우 이곳에서 월아천을 찾은 것입니다."

"여기서, 그래, 철배어는 찾았느냐?"

유 도사가 물었다.

"솔직히 말씀드리지요. 요 며칠 샘 속의 물고기를 자세히 살펴보았는데, 정말 그분이 말씀하신 철배어와 똑같이 생긴 물고기가 있었습니다. 조만간 몇 마리 잡아다가 정말 효험이 있는지 한번 먹어볼 생각입니다."

유 도사가 그 말을 듣고 크게 놀라며 말했다.

"아이구! 이 불쌍한 녀석아, 이 말을 다른 사람에게 한 적이 있느냐?"

"없습니다."

"그렇다면 다행이구나. 절대 그 말을 입 밖에 내어서는 안 된다."

"어째서입니까?"

"너는 이곳에 온 지 얼마 안 돼 이곳 사정을 잘 모른다. 네가 샘 속의 물고기를 잡으려 한다는 소식이 뇌음사 주지 귀에 들어간다면 넌 살아남지 못할 게 다!"

"예? 왜 물고기를 잡아서는 안 된다는 겁니까?"

"이 샘은 사방이 모래산으로 둘러싸여 있지만 천 년 동안 단 한 번도 모래에 메워지는 일이 없고, 샘물은 어디로 흐르는 것도 아닌데도 항상 맑고 깨끗하며, 누가 놓아기른 것도 아닌데 절로 물고기들이 생겨나 자라니 참으로 기이하잖느냐? 이 때문에 사람들은 이 모래산을 신산神山으로 여기게 되었고, 샘은 신천神泉, 물고기는 신어神魚라 믿게 되었다. 그러는 사이 이 샘의 물고기를 잡아서는 안 된다는 무언의 규약이 생겨나게 되었고, 만일 이 규약을 어기고 물고기를 잡아먹는 자는 벼락을 맞아 죽게 된다고 믿고 있다. 규약이야 그렇다 쳐도 이 물고기에는 독이 있다고 하니 절대로 잡아먹어서는 안 된다!"

"스승님, 정말 이 물고기에 독이 들어 있을까요?"

"그건…… 그걸 먹어본 사람이 없으니 낸들 어찌 알겠느냐."

"스승님, 그러면 제가 한번⋯⋯."

"인석아, 괜히 내게까지 화 미칠 짓 하지 마라! 네가 그 물고기를 먹었다가는 분명 나까지 그 일에 연루되고 말 것이야."

"아무에게도 말하지 않으면 되지 않을까요?"

"이놈아, 비밀은 새어나가게 마련이야!"

"스승님, 제 나이 벌써 스물넷입니다. 이제야 간신히 제 목숨을 구해줄 물고기를 찾았는데도 그것을 잡지 못하게 하신다면 저는 그야말로 끝장입니다. 스승님, 한 생명을 구하는 공덕은 칠층 부도탑을 세우는 것보다 낫다지 않습니까. 제가 이렇게 그냥 죽어가도록 내버려두실 건가요!"

유 도사가 허락을 않자 곱사등이 청년이 그 앞에 털썩 무릎을 꿇고 눈물을 흘리면서 하소연했다. 유 도사는 마음이 안타까웠지만 제자를 달래는 수밖에 달리 방도가 없었다.

"애야, 내 마음이 독한 게 아니라 천 년 규약을 깨뜨릴 수 없어서란다. 만에 하나 네 짓이 들통난다면 그 벌을 어찌 다 감당하겠느냐. 그러니 그런 생각은 깨끗이 단념하는 게 좋을 것이다."

'스승님을 설득하기는 어려울 것 같구나. 나 스스로 방법을 강구해보는 수밖에.'

곱사등이 청년은 그렇게 생각했다.

며칠 후 뇌음사 주지는 한 부호富豪의 요청으로 불사佛事를 관장하러 길을 떠나게 되었는데, 불사에 동원될 인력이 부족했던 까닭에 유 도사 역시 그의 부름을 받고 길을 나서게 되었다. 스무남은 날이 걸리는 일정이었다. 사원 안의 사람들이 모두 길을 떠나자 월아천 주위는 인적이 드물어졌다. 곱사등이 청년은 철배어를 잡을 절호의 기회라 여기며 밤이 깊어지기만을 기다렸다. 이윽고 동쪽 산등성이 위로 두둥실 달이 솟아오르고 월아천은 은백색의 잔물결로 반짝거렸다. 주위는 개골개골 청개구리 울음소리만 간간이 들려올 뿐 고요하기 그지없는데, 곱사등이 청년은 작은 그물을 들고 물속으로 들어갔다. 그리고 담배 한 대 태울 시간도 안 되어 반 통 가량의 고기를 잡아 올렸다.

거처로 돌아온 그는 문에 빗장을 지르고 또 그것도 모자라 버팀목으로 떠받쳐놓은 뒤 물고기를 배 갈라 솥에 넣고서 마른 장작에 불을 붙여 서서히 끓이기 시작하였다.

'이 물고기에 정말 독이 있을까? 그렇다면 나는 저세상으로 가고 말텐데.'

타오르는 장작불을 멍하니 바라보던 그는 이런 저런 걱정이 들었다. 그러나 자신의 흉측한 모습을 떠올리면 그런 걱정은 아무런 장애도 되지 못했다.

'이 빌어먹을 풍습병風濕病 때문에 인간도 귀신도 아닌 기괴한 몰골로 변해버렸다. 설령 독어毒魚를 먹지 않는다 해도 목숨을 부지하기 어렵다. 어차피 죽을 목숨, 우선 먹고나 보자.'

이러한 생각에 잠겨 있는 동안 어느덧 서너 시간이 흘러 솥에서는 김이 모락모락 피어나며 농밀한 향내가 부엌에 가득했다. 평상시 찬 없는 거친 밥만 먹어오던 그는 솟구치는 식욕에 내던지듯 솥뚜껑을 열어젖히고 물고기를 건져낸 다음 그 위에 소금을 뿌리고 우걱우걱 먹기 시작하였다. 병 치료는 그만두고 이 식욕을 채우는 것만으로도 죽게 된들 아무런 후회 없겠다고 생각하며, 잠깐 사이에 그는 물고기는 물론이고 국물조차도 모조리 먹어치우고 말았다.

그리고 밤이 되어 막 잠자리에 들려던 곱사등이 청년은 문득 이런 생각이 들었다.

'스승님은 스무 날이 넘어서야 돌아오실 텐데 내가 이 방에서 죽으면 시신이 썩어 악취를 풍길 게 아닌가?'

이에 그는 솜을 채워 만든 도포를 겨드랑이에 끼고 모래언덕으로 나와 보들보들한 모래 위에 벌렁 드러누웠다.

'이제 됐다. 이곳이라면 내 죽더라도 스승님께 폐 끼치는 일은 없을 것이다. 거센 바람이 한바탕 불어오기만 하면 시신은 모래 속에 묻혀버릴 테니까.'

그리고 그는 머리까지 도포를 뒤집어쓰고 쿨쿨 잠이 들었다.

태양이 높이 떠오르자 모래언덕이 햇빛에 달구어져 후끈후끈하였다. 그 위에서 깊은 잠에 빠져 있던 곱사등이 청년은 뜨거운 열기에 잠에서 깨었다. 온몸이 흘린 땀으로 흠뻑 젖어 있었는데 왠지 가뿐한 느낌이었다. 죽지 않고 살아 있어 다행이라 여기며 자리에서 일어나 기지개를 쭉 폈다. 그 순간 온몸의 관절에서 우두두둑, 하는 요란한 소리가 나더니 다리의 통증도 허리의 시큰거림도 사라지는 게 느껴졌다. 게다가 팔다리도 자유자재로 움직여지는 것이 아닌가!

이날 이후로 매일 밤 물고기를 잡고 끓이고 먹는 일이 계속되었다. 일 주일이 지나자 사팔뜨기 눈이 똑바로 떠지고 비뚤어진 입이 제대로 돌아왔다.

그리고 다시 일 주일이 지나자 불룩 튀어나온 가슴이 들어가고 혹처럼 불쑥 솟아나온 등이 곧게 펴졌으며 껍질 벗긴 삼대 모양의 팔과 다리도 길고 굵어졌다.

스무하루가 지나고 유 도사가 돌아왔다. 막 그가 산문山門을 들어서려는데 불그스름한 얼굴에 건장한 체격을 가진 말쑥한 젊은이가 문 앞에 서 있었다. 이상한 생각이 든 그가 물었다.

"여보시오, 댁은 뉘 집 자제분인데 여기에 서 있는 게요?"

그러자 젊은이가 하하 웃으며 대답했다.

"스승님, 늙으면 눈이 침침해진다더니 정말 그런가보군요. 저를 못 알아보시겠어요?"

눈을 껌벅거리며 자세히 살펴보던 유 도사가 긴가민가한 표정으로 물었다.

"혹시 곱사등이 아이인 게냐?"

"맞습니다."

"이게 어찌 된 일이냐? 허리도 꼿꼿해지고 입도 비뚤어지지 않고 몸집도 통통해졌으니."

자신의 눈을 의심하며 놀란 표정으로 유 도사가 물었다.

"신단묘약神丹妙藥을 먹었더니 이렇게 됐습니다, 스승님."

"신단묘약이라니?"

"저, 말씀드리면 화내실 것이라 말씀드리지 않겠습니다."

곱사등이 청년이 머뭇거리며 대답했다.

"사실대로만 말하면 절대 화내지 않으마."

"그렇다면 말씀드리지요."

곱사등이 청년은 생선탕을 가져와 탁자 위에 올려놓으며 말했다.

"스승님, 우선 이 탕을 한번 드셔보셔요."

희멀건 국물에 기름기만 군데군데 떠다니는 그저 그런 탕이었지만 갑자기 느껴지는 시장기에 유 도사는 탕의 출처도 묻지 않고 그가 가져온 탕을 입에 갖다 대었다. 오랜만에 맡아보는 비릿한 냄새 때문이었는지 그의 입 안에 탕 국물이 쩍쩍 달라붙는 듯했다.

"정말 국물이 시원하구나!"

감탄을 금치 못하며 후루룩 후루룩 순식간에 그릇을 깨끗이 비우더니 물었다.

"이 탕은 무엇으로 만든 것이냐?"

"생선으로 만들었습니다, 스승님."

"뭣이! 생선이라고? 대체 어디서 난 생선이냐?"

생선이라는 말에 유 도사가 돌연 정색을 하고 물었다.

"월아천에서 잡았습니다."

철배어에 대한 잘못된 미신을 확인한 곱사등이 청년은 조금도 머뭇거리지 않고 또렷이 대답하였다.

"뭐라고? 이 몹쓸 녀석아, 독이 든 생선탕으로 나를 죽일 작정이냐?"

"스승님, 놀라지 마시고 우선 제 몸을 한번 보셔요. 바로 이 생선탕을 먹고 나서 이렇게 허리가 펴지고 팔다리가 돌아가게 된 겁니다."

"그게 사실이냐?"

"제가 어찌 감히 스승님을 속이겠습니까?"

유 도사는 두 손으로 젊은이를 붙들더니 그의 가슴과 등을 어루만져도 보고 팔과 다리를 꼬집어도 보며 중얼거렸다.

"그 물고기로 정말 네 병을 치료했단 말이지? 그게 그토록 신통하단 말이지? 잘됐구나. 비만 오면 뼈마디가 쑤시는데 어디 한번 나도 몇 마리 먹어봐야겠다."

그러고는 제자더러 몇 마리 더 잡아오도록 시켰다.

이후 세 차례에 걸쳐 이 생선탕을 먹은 유 도사는 온몸이 마치 인삼대보탕이라도 먹은 것처럼 가뿐해지며 관절의 통증이 가셨다. 뿐만 아니라 하얗던 머리카락도 까맣게 변하였고 주름투성이의 검고 마른 얼굴은 탱탱하고 불그스름한 얼굴로 변하여 이십 년은 젊어진 듯했다.

"지금까지 보배로운 땅위에 살면서 그 보배를 알아보지 못했구나. 칠성초만이 젊음을 가져다준다고 알았지, 이 철배어가 병을 치료하리라고는 상상도 못했다."

자신의 젊어진 몸을 이리저리 어루만져보며 그가 좋아서 하하거렸다.

"스승님, 이제 이것으로 사람들의 병을 치료해주러 가시지요. 그런데 뇌음사 법사님이 막으려 들면 어떡하죠?"

유 도사는 잠시 생각에 잠기는 듯하더니 단호하게 말했다.

"걱정할 것 없다. 우리가 사람들의 병을 낫게만 해주면 그자도 우리를 어쩌지 못할 것이다. 허나 사람들의 병이 낫기도 전에 철배어가 병을 치료한다는 말을 입 밖에 내서는 안 된다. 일을 그르칠 수 있으니 말이다."

그 후 유 도사는 건장한 청년으로 변한 제자와 함께 온 마을을 돌아다니며 백성들의 병을 치료하였는데, 신묘한 효능의 철배어라 먹기만 하면 즉각 즉각 병이 사라졌다. 이 소식은 바람처럼 퍼져나가 너도나도 철배어를 잡으러 월아천으로 몰려드니 뇌음사의 법사인들 그들을 막아낼 재간이 없었다. 이에 마음을 바꿔 먹은 법사는 제자더러 월아천을 지키며 물고기를 잡으러 오는 자들에게 돈을 받도록 하였다. 물고기를 못 잡게 막지 못하게 될 바에야 돈이나 긁어모으자는 생각이었다. 그 후로 물고기 값은 갈수록 치솟아 한 마리에 은 한 냥까지 나갔다. 이에 분개한 유 도사와 곱사등이 청년은 돈황을 떠나 어디론가 사라져버렸다.

그런데 기이하게도 돈으로 철배어를 사고팔면서부터 철배어의 약효는 차츰 사라져갔는데, 그 가격이 비싸면 비쌀수록 치료 효과는 더욱 떨어졌다. 이리하여 철배어로 병을 치료하려는 사람들은 점차 없어졌다.

"맨 처음 게를 잡아먹었던 사람은 용사勇士임에 틀림없다"고 한 노신魯迅의 말이 떠오른다. 흉측하게 생긴데다 집게발로 사람을 물기까지 하는 게를 맨 처음 먹기로 시도한 사람은 용기 있는 사람이었음에 틀림없다는 말이다. 게처럼 괴상망측하게 생기지는 않았지만 막연히 독이 있을 것이라고 믿어온 철배어를 맨 처음 잡아먹은 이 곱사등이 청년은 그런 면에서 노신이 말한 바의 '맨 처음 게를 잡아먹은 사람'이라 할 수 있겠다.

오늘날에도 월아천의 네 가지 기이한 현상이라 하여 흔히 다음을 꼽는다. 천 년의 세월 동안 변함없이 초승달 형상을 하고 있는 것과 열악한 기후 여건하에서도 투명하고 깨끗한 수질을 유지하고 있는 것, 모래산 틈에 끼여 있으면서도 모래에 매몰되는 일이 없다는 것, 그리고 먹으면 장생불로할 수 있다는 철배어가 그것이다. 앞의 세 가지 것은 오늘날 직접 눈으로 확인해볼 수 있어 그렇다 쳐도 전설에 지나지 않을, 먹으면 장생불로한다는 철배어를 여기에 포함시킨 것이 재미있다.

월아천의 철배어를 잡으러 오는 자에게 돈을 받았다는 뇌음사는 오늘날에는 월아천에서 돈황 시내 방향으로 1킬로미터 정도 떨어져 있다. 본래 월아천 가까이에 있었다는데, 어느 해 거센 모래바람에 의해 명사산 모래 속에 파묻혀버렸다고 한다. 현재의 뇌음사는 1991년에 건립된 것으로, 중국 최서단에 위치한 절로 유명

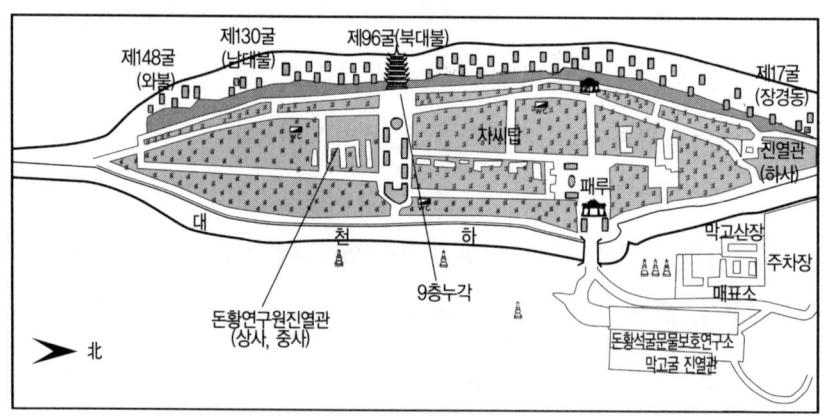

막고굴 안내도

하다.

뇌음사라는 이름의 사찰이 돈황에 또 하나 있다. 막고굴의 상사上寺라고도 불리는 막고굴 뇌음사가 그것이다. 최근까지만 해도 그곳은 돈황연구원의 전신인 돈황예술연구소 및 돈황문물연구소의 사무실 겸 생활공간으로 사용되었는데, '돈황의 수호신'이라 불리는 상서홍常書鴻 탄신 100주년 및 돈황연구원 성립 60주년을 기념하여 지난 2003년 6월부터 이곳에 대한 대대적인 정비 작업에 들어가, 2004년 8월 돈황연구원 진열관으로 일반인에 정식 개방되었다.

분만을 촉진하는 약초 - 칠성초七星草

월아천 주위의 푸릇푸릇한 풀밭에는 일곱 가닥의 가느다란 줄기에다, 줄기마다 일곱 장의 버들잎 모양의 푸르고 부드러운 이파리가 달려 있는 야생초가 있다. 코끝을 가까이 대보면 그윽하고 맑은 향기를 발산하는데, 이 풀이 바로 분만을 촉진시킨다 하여 일명 '최생초催生草'라고도 불리는 칠성초이다. 그런데 이 풀에 분만을 촉진하는 효능이 있다는 사실은 누가 발견한 것일까?

명사산 자락의 아름답고 풍족한 이 지역을 옛날에는 신사현神沙縣이라 불렀다. 이 현에는 조상 대대로의 가업을 이어 의술업에 종사하고 있는 양梁씨 성의 의원이 살고 있었다. 가문의 비보秘寶로 전해오는 의술을 착실히 연마한 탓에 큰 병이든 작은 병이든 그가 한번 손만 대면 병마가 사라졌고 가난한 자든 부유한 자든 똑같은 친절로써 병자를 대하니, 사람들은 그런 그를 두고 "보살처럼 선량하고 약 한 첩이면 병을 뚝딱 낫게 한다"며 찬탄해 마지않았다.

그런 양 선생이었지만 나이 마흔이 다 돼가는데도 그에게는 자식이 없었다. "집안에 세 가지 보물이 있으니, 닭이 울고 개가 짖고 어린애가 떠드는 것"이란 말도 있듯이, 나이가 들어서도 자식이 없다 보니 외롭고 쓸쓸하기만 한 양 선생이었다. 그렇게 된 데는 처가 아예 아이를 갖지 못했던 때문은 아니었다. 아이를 가졌다가도 매번 분만 때만 되면 처가 생사의 갈림길에서 헤매는 까닭에 할 수 없이 아이를 포기하고 말았기 때문이었다. 양 선생은 수많은 의서를 샅샅이 뒤지고 갖가지 분만촉진 처방도 내려봤지만 별 효과가 없었다.

"당신이란 사람은 남의 병은 약 한 첩만으로도 잘 고치면서 어떻게 제 자식은 구해내지 못하는 거죠?"

착하고 어진 여자였지만 세월이 흐르면서 양 선생의 아내는 이런 식으로 그에게 곤잘 불평을 늘어놓았다. 양 선생은 벙어리 냉가슴 앓듯 입이 있어도 할 말이 없었다. 그저 자신의 의술이 뛰어나지 못함을 한탄할 뿐이었다. 이 때문에 양 선생은 난산의 고통을 겪고 있는 산부産婦를 진찰하는 일 만큼은 항상 완곡히 거절하였다.

이곳 읍내에 하루는 여위다 못해 뼈가 앙상하게 드러나고 얼굴은 새까맣고 머리는 산발한, 남루한 옷차림의 노파가 버드나무 지팡이에 의지하여 한쪽 다리를 절름거리며 거리를 거닐고 있었다. 이곳저곳을 돌아다니던 그녀는 양 선생의 약방 앞에 이르자 문득 문지방에 걸터앉더니 끙끙 앓는 소리를 하기 시작하였다. 무슨 일인가 싶어 다가서던 약방의 젊은 점원은 멈칫하며 몸서리를 쳤다. 노파의 종아리와 배에는 곪아 터져 비릿한 냄새의 누런 고름을 꾸역꾸역 쏟아내고 있는 사발만 한 종기가 나 있었는데, 그 고름 속에는 구더기들이 꿈틀거리고 그 주위를 쉬파리들이 앵앵거리며 날아다니고 있었다.

노파는 젊은 점원이 자신을 피하는 걸 보고 화가 나서 눈을 부라리며 버럭 소리를 질렀다.

"어서 가서 의원 나리 모셔오지 않고 뭘 하는 게냐!"

"이곳 의원님은 의술이 높지 않은데다 여기는 약도 변변치 못하니 다른 고명한 의원을 찾아보시지요."

지저분하고 냄새 나는데다 말투까지 거친 노파를 보고 점원이 꾸며 대답하였다.

"흥, 내 이곳 의원의 명성을 듣고 온 것이니 나를 쫓아낼 생각일랑 하지도 말거라!"

그러더니 아예 문간에 벌렁 드러누워버렸다. 점원은 하는 수 없이 안에서 진료중인 양 선생을 모시고 나왔다.

"어르신, 상처를 치료하러 오셨나요?"

노파의 상처를 대하자 일순 눈시울이 뜨거워지며 가슴이 아파온 양 선생이 다감한 표정이 되어 물었다.

"그렇지 않고서 뭣 하러 여기까지 왔겠소?"

조금 전보다는 다소 순화된 어조였으나 노파의 말투에는 아직도 삭이지 못한 분이 남아 있었다.

"이 상처 어디서 치료받으신 적 있으신가요?"

양 선생의 물음에 노파는 후유, 하고 긴 한숨을 내쉬더니 말했다.

"이 종기 낫게 하려고 집도 재산도 다 날려버렸지만 죄다 허사였다오. 그래

서 오늘 내 이 병든 다리를 질질 끌며 약 한 첩이면 뚝딱 병을 낫게 한다는 의
원을 찾아온 게요. 그런데 저 젊은 녀석이 의원은 보지도 못했는데 나를 내쫓
으려들지 않겠소! 흥, 약방 간판 내걸고 병든 자 불러들이면서 냄새 좀 난다기
로서니 이래서야 쓰겠소?"

"어르신, 약 한 첩에 뚝딱 병을 낫게 한다니요, 과찬이십니다. 이 몸은 성이
양가라고 합니다. 평소에 제가 엄하게 가르치지 않은 탓에 녀석이 어르신의
심기를 건드렸나보군요. 부디 노기를 푸시고 이곳에 머무시며 치료를 받아보
시는 게 어떻겠습니까?"

"그러고 싶은 마음이야 굴뚝같지만 땡전 한 푼 없어서……."

"그 점은 걱정 마시지요. 어르신의 고통을 덜어줄 수만 있다면 저는 만족합
니다. 다 선업善業을 쌓는 일인 걸요. 사실 저는 자식 하나 없는 처지인지라 그
렇게 많은 돈은 필요치도 않습니다."

이후 양 선생 내외는 노파를 자신의 집에 머물게 하면서 그녀를 돌보는데
피고름을 짜내고 구더기를 잡고 상처를 씻어내는 등 그 극진하기가 마치 제
부모를 봉양하는 듯하였다. 보름이 지나자 노파의 상처는 서서히 아물기 시작
했다. 그러던 어느 날 노파는 양 선생의 처에게 왜 슬하에 자식이 없는지 물었
다. 양 선생 처가 훌쩍이며 그 이유를 말하니 노파는 대수로이 여길 일도 아니
라는 듯 하하거리며 말했다.

"가슴 아파하지도 말고 조급해하지도 말게. 머지않아 바라던 아이가 생기
게 될 걸세."

다시 보름이 지나고 상처가 거의 다 아물자 노파는 집으로 돌아갈 채비를 하였다. 떠나기에 앞서 걸식에 쓰던 바구니에서 그림 한 폭을 꺼내 양 선생 처에게 건네주며 아이를 낳는 당일 그 그림을 걸어놓으면 효력이 나타날 거라고 알려주었다. 아울러 반드시 기억하고 있어야 한다며 웬 네 마디 문구도 들려주었다.

어느덧 이듬해 여름이 되었고 처의 분만 예정일이 다가오자 양 선생은 또다시 걱정되기 시작했다. 출산 당일이 되고 최초의 진통이 시작되자 처는 불현듯 노파의 말이 떠올라 양 선생 더러 그림을 꺼내 걸어놓게 하였다. 안절부절 못하던 양 선생이 그런 처에게 말했다.

"이 몸은 초조함에 손바닥이 땀으로 흥건한데 당신은 그림이나 감상할 만큼 태평한가보구려."

"그게 아니라 분만할 때 꼭 걸어놓으라는 노파의 말이 생각나서요. 너무 염려 마시고 우선 그림이나 한번 자세히 들여다보세요."

양 선생은 처의 말에 심드렁하게 그림을 바라보았다. 그다지 잘 그린 그림은 아니었으나 담고 있는 내용만큼은 좀 특이하다 싶었다. 잔물결이 이는 듯한 푸른 초승달이 있고 그 주위에는 청록 빛깔의 작은 화초가 자라고 있는 북두칠성이 있는데, 그 북두칠성 별자리 안에 통통하게 생긴 어린애가 깡총거리며 뛰놀고 있었다. 한참을 바라봐도 그림의 의미를 알 수가 없던 양 선생이 물었다.

"이 그림이 당신이 아이 낳는 것과 무슨 관계가 있다는 것이오?"

"그 노인이 그림을 주면서 이런 말을 들려주더군요. '분만을 촉진시키는 칠성약초, 새벽이슬 맞은 걸 캐야만 한다네. 먹으면 아들딸 순산하니, 마음씨 선한 의원님께 감사드리네.' 이제 이해가 되십니까?"

"아, 이제 보니 이 화초는 칠성초라는 약초로서 분만을 재촉하는 효능이 있었구나!"

양 선생은 그제야 깨달았다는 듯 탄성을 올렸다. 그러나 이내 풀 죽은 목소리가 되어 중얼거렸다.

"허나 어디 가서 이 칠성초를 구한단 말인가."

"당신도 참, 아무리 총명한 사람도 어리석을 때가 있다더니, 그림에 약초가 있는 곳이 훤히 나타나 있는데 뭘 근심하십니까?"

처의 말을 듣고 거듭 그림을 살피던 양 선생이 돌연 손바닥으로 이마를 치며 소리쳤다.

"월아천 주위의 잎이며 줄기가 일곱씩인 그 풀이 바로 칠성초였구나! 좋소, 내 당장 가서 뽑아 오겠소!"

"침착하셔요. 반드시 새벽이슬 맞은 걸 캐야 한다고 그 노인이 그러지 않으셨던가요."

당장 월아천으로 뛰어나가려는 양 선생을 그의 처가 말렸다.

"아차, 자식을 보려는 마음이 너무 절실한 탓에 내 깜박 잊고 있었소."

양 선생이 자신의 성급함을 가볍게 나무랐다. 그러고는 잠시 생각에 잠기는 듯하더니 다시 걱정스런 목소리로 말하였다.

"칠성초가 분만을 재촉한다고는 하지만 아직 한번도 써본 적이 없소. 약을 쓰는 데는 신중에 신중을 거듭해야 하거늘, 만에 하나……."

"뭘 두려워하십니까? 제게 그 약초를 한번 써보시어요. 정말 효험이 있다면 당신은 앞으로 조산助産하는 일도 두려워할 필요 없겠지요."

양 선생과는 달리 처가 밝은 목소리로 대꾸하였다.

"그렇지만, 만에 하나라도 일이 잘못되면……."

"그땐 해독약을 먹으면 되지 않겠어요?"

"좋소, 한번 해봅시다."

처의 북돋음에다가 또 달리 방도가 없었기에 양 선생은 월아천 칠성초의 약효를 시험해보기로 마음먹었다.

다행히 이날 밤 아이가 태어날 별다른 조짐은 없었다. 다음날 이른 새벽, 양 선생은 새벽안개를 헤치고 이슬을 밟으며 월아천으로 나왔다. 칠성초의 연한 잎새마다 수정처럼 맑고 영롱한 이슬이 방울방울 맺혀 있었다. 그는 한 포기 한 포기 뜯기 시작하였다. 그런데 기이하게도 이슬방울은 푸른 잎사귀에 새겨진 것처럼 털어도 털어지지 않았다. 집으로 돌아오니 처는 땀을 비오듯 흘리며 진통에 신음하고 있었다. 부랴부랴 칠성초를 달여서 마시게 하는데, 한 모금을 넘기고 나니 정말 거짓말처럼 진통이 멎었고 두 모금을 마시고 나니 아무런 고통도 없이 아이를 낳게 되었다. 그것도 귀여운 남자아이였다.

신약神藥 칠성초를 얻게 되자 양 선생의 의술은 더욱 고명해졌다. 그는 칠성초를 분만을 촉진하는 데만 사용하지 않고 다른 약초와 배합한 처방으로

병 치료에도 큰 효능을 거두기도 하였다. 그런데 칠성초의 효능을 전해준 그 노파는 누구였을까? 사람들은 그 노파가 약왕보살의 현신現身이었다고 믿고 있다.

월아천 근경

그 후 칠성초로 분만을 촉진시키려는 사람들이 갈수록 많아져 너도나도 이 칠성초를 뜯어가니, 결국에는 뿌리마저 남아나지 못하여 월아천에는 더 이상 칠성초가 자라나지 못했다.

병을 치료한다는 철배어와 분만을 촉진시킨다는 칠성초를 함께 먹으면 장생불사한다고 한다. 이로 인해 월아천은 '약천藥泉'이라 불리기도 하였다. 오늘날 월아천 주위는 갈대만이 무성하다.

죽은 백마를 위해 탑을 세우다 - 백마탑白馬塔

백마탑

돈황의 옛 성터 동남부에는 9층으로 된 탑 하나가 우뚝 솟아 있다. '백마탑'이라 불리는 이 탑은 팔각의 기단基壇에 연꽃잎 모양과 바리때를 엎어놓은 듯한 탑신塔身, 그리고 육각형의 비스듬한 보개寶蓋를 지붕으로 삼고 있는데, 보개의 각 귀퉁이에는 풍경이 달려 있어 실바람이 불면 딸그랑딸그랑 맑고 은은한 소리로 듣는 이의 귀를 즐겁게 한다. 탑 옆으로는 당하의 푸른 물이 도도히 북으로 흘러간다. 하늘에 붉은 석양이 깔릴 무렵이면 길게 늘어진 탑 그림자와 반짝이는 물빛이 한데 어우러져 고상하고 우아하면서도 아늑한 분위기를 자아낸다. 돈황팔경 중의 하나인 '고성만조古城晚眺(고성의 저녁을 바라보다)'는 이를 두고 한 말이다. 전하는 바에 따르면 이 탑은 고승 구마라집이 자신의 백마를 위해 세운 것이라 한다.

중앙아시아의 소왕국 구자국 출신인 구마라집은 중국 역경譯經사상 최고의 번역가로 중국불교 홍륭의 토대를 마련한 인물이다. 그가 중국에서 역경가로 활동하기 전 어느 해 그는 동쪽 낙양으로 불경을 강의하러 가게 되었다. 당시 그는 한 필의 백마를 타고 길을 떠나게 되었는데, 이 말은 설산의 만년설처럼 온몸이 잡털 하나 없는 새하얀 순 백마였다. 체구는 일반 말이나 다름이 없었지만, 사막을 지나고 늪지대를 건너는 데는 '사막의 배'라는 낙타를 능가하는 면이 있었다. 게다가 위기 때마다 그의 목숨을 구해줄 만큼 신령스런 면이 있었는데, 한번은 갑작스레 불어닥친 광풍으로 모래더미 속에 파묻혀 꼼짝도 못하는 구마라집을 발굽으로 모래를 파헤치고 꺼내준 일이 있었다. 그렇게 산을 넘고 물을 건너며 갖은 어려움을 이겨내는 사이 그들 사이에는 생사고락을 같이하는 일종의 동료 의식 같은 끈끈함이 존재하게 되었다.

고비사막을 건너 어렵사리 돈황에 도착한 구마라집은 며칠 머물게 된 보광사普光寺에서 불경을 강의한 다음 길을 떠나려는데 뜻밖에도 백마가 자리에서 일어나지 못했다. 먹이도 먹지 않고 물도 마시려 들지 않는 걸로 보아 쉽게 나을 병이 아니었다. 구마라집은 그런 백마의 모습에 가슴이 찢어질 듯 아파왔다. 마구간에서 백마와 같이 생활하며 손수 병든 백마를 보살피고 또 보살폈다. 그러던 어느 날 밤, 전혀 차도가 없는 백마가 걱정되어 잠 못 이루고 있는데 돌연 백마가 입을 열어 말을 하는 것이었다.

"법사님, 저는 본시 서해바다의 백룡이온데, 동쪽으로 불경을 전하러 가는 법사님을 모시라는 부처님의 명을 받들어 이렇게 찾아온 것입니다. 이제 이미 양관에 들어섰으니 앞으로 더 이상 험한 길은 없을 뿐더러 곳곳에 또 역참까지 있으니 저는 이제 그만 돌아가려 합니다. 법사님, 그러니 여기서 이만 헤어지시지요!"

그러고는 엎드린 채 꼼짝도 못하고 있던 백마가 벌떡 일어나더니 마구간 문을 나서는 것이었다. 놀란 구마라집은 뒤돌아선 백마의 꼬리를 붙잡고서 눈물을 줄줄 흘리며 흐느꼈다.

"그대가 나를 위해 그 고생을 다하였구나. 하지만 이제 겨우 관關에 들어섰을 뿐 낙양까지는 아직도 갈 길이 먼데, 그대가 이제 나를 두고 돌아간다면 불경을 전하려는 내 뜻은 중도에 포기되고 말 거네. 게다가 그간에 든 정 때문에라도 그대를 그냥 떠나보낼 수 없네!"

"법사님, 슬퍼하지 마세요. 저는 이제 서해바다로 돌아가야만 합니다. 많은 세월이 지나 저는 또 천축으로 불경을 가지러 가는 한 승려를 태워야만 합니다."

백마는 뒤돌아보며 그를 위로했으나 구마라집은 여전히 흐느껴 눈물 흘리며 백마의 꼬리를 꼭 움켜쥐고 놓아주지 않았다.

헤어지기 못내 서운해하는 구마라집을 보고 백마가 다시 입을 열었다.

"여기에서 멀지 않은 곳에 악와지渥洼池라는 호수가 있습니다. 천마가 난다는 곳인데, 지금 그곳에서 백마 하나가 법사님을 기다리고 있습니다."

백마가 이렇게까지 해가며 그의 아쉬움을 달래주려 하였지만 구마라집은 여전히 차마 떨어지지 못하고 그를 붙들었다. 순간 백마가 세 차례 울부짖는가 싶더니 돌연 하늘에서 번개가 치고 천둥이 우르릉거렸다. 깜짝 놀란 구마라집이 고삐 쥔 손을 풀며 한 걸음 뒤로 물러섰다. 그때 한 줄기 흰빛이 마구간에서 뻗쳐 공중으로 날아오르더니 힝힝, 말울음 소리를 남기며 번개처럼 서쪽으로 사라져버리는 것이었다. 넋 나간 듯 멍하니 이를 바라보던 구마라집이 정신을 차리고 보니 백마가 쓰러져 있었는데 숨이 이미 끊긴 상태였다.

사랑하는 백마를 잃은 구마라집은 한없이 눈물을 흘리며 그의 죽음을 애통해하였다. 그러나 언제까지나 그렇게 눈물만 흘리고 있을 수는 없는 법, 그는 곧 죽은 백마를 위한 제단을 차려 그의 왕생극락을 빌고, 또 돈황에서 설법을 하여 모은 기금으로 보광사에 그를 기리는 탑을 세웠다. 그렇게 백마를 떠나보낸 다음, 악와지에서 또 다른 백마가 자신을 기다리고 있을 것이라는 죽은 백마의 말이 떠올라 그곳에 가보니 과연 그곳에서 백마 한 필을 만날 수 있었다. 구마라집은 이 백마를 타고 마침내 낙양에 이를 수 있었다.

돈황의 보광사는 오늘날 흔적도 없이 깨끗이 사라졌는데, 이 백마탑만큼은 여전히 그 옛터 위에 의연히 서 있다. 산들바람이 불면 탑 꼭대기 귀퉁이에 달려 있는 풍경 소리가 은은히 멀리까지 퍼지는데, 사람들은 이 소리가 백마가 울부짖는 소리의 여음餘音이라고 믿고 있다.

전진前秦(남북조시대 북방에서 흥기한 나라)의 황제 부견苻堅은 불교에 대한 믿음이 깊었다. 구자龜玆(현재 신강성의 쿠처庫車 일대)국의 고승 구마라집의 명성을 익히 들어 알고 있던 그는 건원 18년(382) 장군 여광呂光에게 7만의 군사를 내주며 서역의 구자국을 정벌하고 구자국의 구마라집을 모셔올 것을 명한다. 이에 여광은 구자국을 대파하고 이듬해 구마라집을 모시고 동으로 귀국길에 오른다. 도중 구마라집이 타고 있던 백마가 돈황에서 죽고 마는데, 이 전설은 당시의 일을 다루고 있다.

　백마탑은 돈황 일대의 가장 보편적인 사리탑 형태를 취하고 있으나, 우리나라나 중원中原의 탑에 익숙해 있는 사람에게는 좀 낯선 형태일 수 있다. 돈황 지역의 사리탑(즉 부도浮屠)은 굳이 전문가의 눈을 빌지 않아도 중원의 것과는 많은 외관상의 차이를 보이고 있다. 우선 색깔부터가 다르다. 낙양洛陽 소림사少林寺의 탑림塔林을 비롯한 중원의 사리탑은 흑갈색을 하고 있는데 반해, 백마탑을 비롯한 돈황 지역의 사리탑은 하나같이 연한 황토 빛깔을 하고 있다. 막고굴 입구에 서 있는 십여 개의 사리탑 역시 마찬가지다. 형태도 층층이 지붕(즉 옥개석)이 겹쳐진 다층 누각식의 중원의 사리탑과는 달리 돈황의 것은 옥개석의 낙수면이 극히 짧아 지붕 같은 인상을 전혀 주지 않으며, 그 위에 밥그릇을 엎어놓은 듯한 탑신의 형태를 취하고 있다.

막고굴 입구의 사리탑

　사리탑의 층수는 보통 홀수로 세워지는데, 층수가 높을수록 수행의 경지가 높은 고승의 사리를 모신 것이라 한다. 그렇게 보면 백마탑은 자그마치 9층이나 되니 백마의 수행 경지가 여간 높은 게 아니다. 혹자는 백마탑이 9층인 것은 백마가 죽을 당시에 나이가 아홉 살이라서 9층으로 세웠다고도 한다. 이유야 어찌 됐든 백마탑을 비롯한 이 일대의 사리탑은 인도의 반구형 탑이 중국 중원 및 우리 나라의 다층누각식 탑으로 변하는 과도기적 형태를 띠고 있어 보여 제법 흥미롭다.

낙양 소림사 사리탑

사막을 건너는 데 낙타만이 유일한 수단으로 알고 있는 경향이 있는데 반드시 그렇지만은 않다. 물론 낙타가 가장 주요한 수단이었음은 두 말할 필요 없겠지만, 낙타 외에도 나귀나 말도 사실 잘 이용되었다. 특히 구마라집이나 현장玄奘과 같은 단독 여행자의 경우에는 나귀나 말을 이용하는 경우가 많았다.

하남성 낙양에는 백마사白馬寺라는 중국에서 가장 오래된 사찰이 있다. 이 백마사는 바로 구마라집이 돈황에서부터 타고 온 백마를 기념하기 위해 세운 절이라고 혹자는 말하나, 이는 사실이 아니다. 서기 67년 후한後漢 명제明帝 때 인도의 가섭마등迦葉摩騰과 축법란竺法蘭이 불경과 석가상을 백마에 실어 낙양으로 가지고 들어옴으로써 불교가 중국에 처음 전파되었는데, 백마사라는 절 이름은 바로 이 백마에서 유래한 것이다.

골동품이 널린 사막지대 - 고동탄古董灘

양관陽關에는 일명 '고동탄'으로 불리는 황량한 모래벌판이 있다. 이 고동탄에서는 금, 은, 마뇌, 오수전五銖錢, 도기, 화살촉, 쇠칼 조각 등과 같은 옛 물건들이 제법 많이 발견된다. 주위의 모래언덕 아래 묻혀 있다가 광풍에 유사流砂가 이동하면서 땅위로 모습을 드러낸 것들이다. 지금도 이곳에 가면 고물古物 한두 개쯤은 어렵지 않게 주워올 수가 있다. 이리하여 현지인들은 "고동탄에 가면 빈손으로는 돌아오지 않는다"고 말한다.

이 모래벌판에서는 왜 이토록 많은 옛 물건들이 발견되는 것일까? 여기에는 다음과 같은 얘기가 전해온다. 오늘날과 달리 옛날의 고동탄은 매우 번성하고 화려한 진鎭(우리의 읍에 해당)이었다. 어느 해 중양절, 이곳 고동탄에서 성대한 묘회가 열려 그러잖아도 번화한 이곳은 더욱 흥청거렸다. 특히 연극 공연이 있는 저녁 무렵이 되자 고동탄은 여러 마을에서 몰려든 사람들로 출렁거렸다. 당시 양관에 주둔해 있던 수비 부대

고동탄

의 수장인 조 대인까지 휘하 병사들과 함께 구경을 나왔다. 무대 위에서는 징과 북이 요란하게 울려대고 무대 아래에서는 몰려든 구경꾼들이 인산인해를 이루었다. 비단 파는 자, 잡화 파는 자, 과일 파는 자, 먹거리 파는 자들의 호객 소리가 그치지 않았고, 사람들은 신바람에 취해 이곳저곳 기웃거리며 주전부리도 하고 볼거리도 구경하였다.

묘회의 흥겨운 분위기가 그렇게 한창 무르익을 무렵 돌연 "죽여라!" 하는 고함소리가 사방에서 들려왔다. 그것은 다름 아닌 구경꾼으로 변장하고 관내로 스며들어온 도적떼가 묘회를 구경하는 척하다가 일제히 약탈을 감행하는 신호의 함성소리였다. 조 대인은 도적들의 정체도 모른데다 이미 어둠이 깔린 뒤라서 누가 적이고 누가 백성인지조차 분간이 안 되었다. 그저 한 가닥 혈로를 뚫고 달리는 말에 채찍을 가하여 양관으로 들어와 긴급사태를 알리는 봉화를 올릴 따름이었다.

노략질이 한창 자행되고 있을 무렵, 북쪽 산 봉화대에서는 검은 연기가 모락모락 피어오르며 불길이 하늘을 찔렀고 양관의 성벽 위에서는 다급한 나팔소리가 길게 울려 퍼졌다. 관병들이 인마를 소집하고 있음을 깨달은 두목은 급히 퇴각명령을 내렸다. 그러나 눈에 핏발을 세우며 한창 살육과 약탈의 짜릿함에 빠져 있던 이 오합지졸들의 귀에 두목의 명령이 들어올 리 없었다. 두목은 그런 졸개들을 버려두고 구차한 목숨을 보전하고자 몇몇 심복만을 뒤딸린 채 말을 달려 내뺐다.

한편 재물에 눈이 멀어 달아나지 않은 도적들이 낙타와 말에 약탈품을 바리 바리 싣고 막 그곳을 벗어나려는 순간 어디선가 화살들이 어지러이 날아들었다. 그때서야 그들은 자신들이 관병에 포위된 사실을 깨달았다. 그뿐이 아니었다. 도적들을 피해 달아났던 백성들도 날이 밝자 곡괭이며 쇠스랑을 꼬나들고 도적 토벌에 합류하여 몰려들었다. 조 대인은 그런 백성들을 몸소 지휘하며 휘하의 병사들과 함께 검은 연기 자욱한 읍내로 짓쳐들어가 닥치는 대로 베고 찍고 찌르니, 도적들은 제 애비 애미를 찾으며 울부짖다 하나같이 모두 육장肉醬 신세가 되고 말았다.

이 사건으로 인해 너무도 많은 사람이 죽어나갔다. 그 후 아무도 감히 이 땅에서 살려 하는 이가 없게 되었고, 그에 따라 이곳은 서서히 폐허로 변하였다. 게다가 봄 겨울 유난히도 맹위를 떨치는 광풍이 몇 차례 불어닥치자 남아 있던 건물의 폐허마저도 유사에 서서히 파묻혀갔다. 그 후 오랜 세월이 흐르는 동안 모래언덕은 독사가 먹이를 삼키듯 사방의 밭이며 수목들을 모조리 집어삼키니 이곳은 그야말로 황량한 사막으로 변하고 말았다. 이따금씩 광풍이 불어와 모래더미를 날리면 땅속에 묻혀 있던 옛 물건들이 모습을 드러내곤 한다. 이 황막한 지대를 다녀가는 사람들은 당시의 유적지를 찾기만 하면 지금도 틀림없이 옛 물건 몇 가지는 줍게 될 것이다. 이 지역을 고동탄이라 부르게 된 것은 바로 이러한 이유에서이다.

'고동탄'은 양관 성의 옛터를 두고 하는 말이다. '고동古董'이란 '골동품'을 뜻한다. 한대漢代의 번성했던 양관이 쇠락의 길로 접어들면서 그곳을 떠난 이들이 버

려두고 간 각종 문물들이 오늘날 모래 틈
새에서 종종 발견된다 하여 '고동탄' 즉
'골동품 사막'이라 불리게 된 것이다. 이곳
에서 발견되는 유물들은 대부분이 한대의
병기兵器와 화폐, 생산도구, 장식품, 생활용
구, 방직품 등으로, 번성했던 당시를 대변
하고 있다.

양관박물관 입구의 왕유 동상

　오늘날 절친한 친구를 떠나보내는 송별
의 자리에서 중국인들이 반드시 읊게 되는 시가 하나 있다. 일명 「위성곡渭城曲」(원
제는 「송원이사안서送元二使安西」)이라 불리는, 당대唐代 시인 왕유王維의 다음 시가 바
로 그것이다.

위성의 아침 비, 날리는 티끌 적시고	渭城朝雨浥輕塵
객사에는 파릇파릇 버들빛 새로운데	客舍靑靑柳色新
그대여 한잔 술을 더 드시게나	勸君更盡一杯酒
서쪽으로 양관을 나서면 친구는 더 없을 터니	西出陽關無故人

　벗을 떠나보내는 석별의 정을 노래하는 시다. 이 가운데서도 특히 뒤의 두 구는
오늘날까지 많은 사람들 사이에 널리 회자되고 있다. 이 시에 곡조를 담아 흐느끼
듯 하소연하듯 부르는 〈양관삼첩陽關三疊〉은 천고의 절창으로 알려져 있다. 이 시

구의 영향 때문인지 중국인들은 '양관' 하면 으레 적막함과 처연함, 이향離鄕 등을 떠올린다.

그러나 양관이 처음부터 그렇게 황량하지만은 않았다. 일찍이 서한西漢 시대에 흉노에 대항하기 위해 무위, 장액, 주천, 돈황의 하서사군河西四郡이 설치되면서 옥문관과 함께 건설된 이후로, 양관은 서역으로 통하는 관문이자 실크로드 남로南路의 요충지로서 오늘날의 국경도시와도 같은 번성함을 지니고 있었다. 변방을 지키는 중국의 병사들뿐만 아니라 인접국의 수많은 상인과 승려, 사신들이 이곳에 머물며 출관 혹은 입관 수속을 받고, 또 앞으로 계속될 여행에 필요한 힘을 비축하고 식량이며 물과 같은 필수 물자들을 준비하였던 것이다. 최소한 한대 동안만큼은 이러한 번성이 유지되고 있었다.

그러나 한대 이후 언제부턴가 양관은 서서히 황폐해져 황막함과 처연함의 대명사가 되어버리고 말았다. 이는 실크로드 육로의 쇠락과도 무관하지 않을 터인데, 어쨌든 양관은 서서히 바람과 모래만이 자리하는 쓸쓸한 지대로 변해버렸다. 왕유의 「위성곡」은 바로 이처럼 쇠락해버린 양관을 노래하고 있다.

오늘날 양관을 방문하면서 한 가지 염두에 두어야 할 사항이 있다. 그것은 과거 양관의 관내關內와 관외關外의 위치를 파악하는 일인데, 지난 2003년에 개관한 양관박물관이 관외에 있고 방문객은 그곳을 통해 고대의 양관을 모방해 만들어놓은 '가짜' 양관을 거쳐 '진짜' 양관 터에 들어서기 때문에 자칫 관외와 관내를 거꾸로 생각하기 쉽다. 양관 방문의 시발점인 박물관이 이미 관외인 줄을 모르고 고동탄이 내려다뵈는 모래언덕 위에 서서, 관외와 마찬가지로 역시 삭막한 관내의 고

동탄 쪽을 바라보며 새외塞外의 황막함을 감상하는
실수를 저지르지 말아야 한다. 양관을 방문하는 여
행객들은 관내인 돈황 쪽에서 오는 까닭에 먼저 관
내에서 관외 방향으로 구경을 하게끔 하는 게 자연
스러울 터인데 어찌하여 박물관을 관외에다 지어놓
아 관외에서 거꾸로 관내로 들어서게 한 것일까.
이는 주위의 지형을 고려한 결과이기도 하겠지만

양관박물관

아마도 양관 터의 보존을 위한 중국정부의 고육지책인 듯하다. 관내에서 관외로
방문객의 이동 경로를 잡으려면 박물관을 비롯한 주요 시설물을, 보존할 가치가
있는 양관 내 유지遺址에다 지어야 하기 때문이다. 그보다는 좀 순서가 뒤바뀌더라
도 상대적으로 보존가치가 떨어지는 드넓은 고비사막에 그것들을 짓는 게 문화재
보존 측면에서도 훨씬 유리하였을 것이다.

때문에 이곳을 거쳐 서역행에 나선 과거 수많은 행려行旅들의 눈앞에 펼쳐졌을
새외의 황막한 풍광을 감상하고, 또 그와 관련한 이러저러한 상념에 젖어보려면
앞만 보아서는 안 되고 뒤를 돌아보아야 한다. 뒤쪽이 바로 새외인 까닭에.

오리처녀가 저수지를 만들다 - 황수패黃水壩

황수패((악와지, 수창해라고도 함)

황수패는 높이 30여 미터에 길이가 500여 미터에 이르는 제방으로 이루어진, 양관 동남쪽에 위치한 저수지이다. 이 저수지의 물은 바닥이 훤히 들여다보일 만큼 맑고 푸르러 한가로이 헤엄치는 물고기 떼며, 군락을 이루어 자라고 있는 수초水草들이 훤히 들여다보일 정도인데, 어찌하여 이처럼 청정하기 이를 데 없는 이곳에 '누런 물'을 뜻하는 '황수黃水'라는 이름을 붙였을까?

전해오는 이야기에 따르면 오랜 옛날 이곳은 본래 초록빛 양탄자를 깔아놓은 듯한 푸른 평지의 비옥한 농토였다고 한다. 당시 이 마을에는 백노대라고 하는 정직하고 성실한 젊은이가 살고 있었는데, 그는 스무 살이 훨씬 넘도록 장가를 들지 못하고 노총각으로 고달픈 삶을 살고 있었다. 그가 그렇게 살게 된 데는 그가 여섯 살이 되던 해 모친이 세상을 떠나고 그의 부친이 재취를 하여 계모를 집안에 들여앉힌 데서 비롯되었다. 계모는 마음이 악독하고 재물을 목숨처럼 아끼는 인색하기 그지없는 여자였다. 재취로 들어가고 나서 낳은 자신의 친아들 백노이에게는 능라비단 옷에 맛깔스런 음식을 먹이고 기와지붕 아래서 지내게 하면서, 백노대에게는 누덕누덕 기운 옷에 거친 음식을 먹이고 띠풀로 지붕을 엮은 헛간에서 살게 했다. 또 글공부도 친아들에게만 시키고 그에게는 잡일만 죽도록 시켰다. 백노대가 그 나이가 되도록 장가를 들지 못한 것도 혼례 치르고 살림집 마련하는 데 들 돈이 아까운 계모가 일부러 그의 혼사 문제에 무관심한 탓이었다. 마을 사람들은 그런 그녀를 노랑이 여편네라고 부르며 그녀의 인색함을 비아냥거렸다.

이날도 백노대는 여느 날과 마찬가지로 밭에서 한창 김을 매고 있었는데, 문득 노란 오리 한 마리가 그 앞으로 허둥지둥 날아들더니 그를 향해 무어라 꽥꽥거렸다. 영문을 모르고 바라만 보고 서 있던 백노대는 그 순간 오리 쪽으로 맹렬하게 날아드는 매 한 마리를 발견하였다. 가만있다가는 오리를 낚아채 갈 게 분명했다. 백노대는 손에 들려 있던 호미를 반사적으로 힘껏 휘둘렀다. 그러자 매는 먹잇감을 포기한 듯 저 멀리 창공으로 날아가버렸다.

백노대는 이 노란 오리를 자신의 초가집으로 데려갔다. 그리고 매의 공격으로 난 것인 듯한 날개의 상처도 동여매주고 먹이도 꼬박꼬박 먹이며 정성으로 오리를 돌보았다. 얼마 안 가 날개에 난 상처는 아물고 오리는 건강을 되찾았다. 그 후로 이 노란 오리는 백노대가 가는 곳이면 어디든지 그를 그림자처럼 따랐다. 그가 밭에 가면 밭으로 날아와 꽥꽥거리며 노래를 불렀고 집으로 돌아오면 집으로 날아 들어와 꽥꽥댔다. 비록 한낱 날짐승에 불과했지만 노총각 백노대는 그런 오리가 있어 더 이상 외롭지 않았다.

시간이 흐르면서 계모는 큰아들의 신상에 변화가 있음을 알아차렸다. 이전에는 잔뜩 찌푸린 얼굴을 하고 있었는데 지금은 얼굴에 웃음이 가득하였고, 이전에는 너덜너덜한 옷에 맨발을 하고 있었는데 지금은 단정한 옷차림에 새 신발을 신고 있었다. 큰아들에게 자신이 모르는 어떤 일이 벌어지고 있음을 그녀는 직감했다.

어느 날 저녁 무렵 헛간 앞을 지나던 계모는 헛간 안에서 들려오는 아리따운 여자의 속살거리는 소리를 들었다. 큰아들과 이야기로 웃음꽃을 피우는 여자의 애교 섞인 음성이었다. 그녀는 살금살금 들창 위로 기어올라 손가락에 침을 묻혀 문풍지에 구멍을 내고 안을 들여다보았다. 순간 그녀는 놀라서 눈이 휘둥그레졌다. 하늘나라 선녀처럼 아름답고 고운 여인이 큰아들과 마주하고 앉아 있는 것이 아닌가! 장밋빛 저고리에 살구빛 치마, 까맣고 반지레한 머리칼, 그리고 반짝이는 금비녀의 이 여인은 다름 아닌 백노대가 목숨을 구해준 노란 오리의 변신이었다. 자신의 생명을 구해준 은혜에 보답하고자 이 오리는 빈궁한 생활을 마다 않고 기꺼이 큰아들과 부부의 인연을 맺은 것이었다.

계모가 막 자리를 뜨려는데 작은아들이 다가왔다. 모친의 하는 양을 보고 이상히 여긴 그는 제 어미 하던 대로 창문으로 기어올라 안을 들여다보았다. 방탕한 생활에 빠져 있던 둘째아들은 오리처녀를 보자 반 넋이 나간 듯 군침을 질질 흘렸다. 당장 제 어미한테 오리처녀에게 장가들 수 있도록 중매를 서 달라고 생떼를 썼다. 그렇지 않으면 벽에 부딪쳐 죽어버리고 말겠다며 을러댔다. 작은아들의 말이라면 무조건 고분고분 들어주는 그녀였다. 악독한 성품의 그녀는 음흉스런 눈알을 대굴대굴 굴리더니 곧장 둘째아들을 잡아끌며 쾅! 하고 헛간 문을 밀치고 들어서더니 두 손을 허리에 대고 서서 백노대를 향해 표독스럽게 쏘아붙였다.

"이놈아, 잘하는 짓거리로구나! 저 처자는 대체 누구냐!"

"저, 저, 제 아내 되는 사람입니다."

큰아들이 부끄러워하며 대답했다.

"어미 몰래 이 무슨 짓이냐! 흥, 남들 앞에서는 순한 척하면서 엉큼한 짓거리는 혼자서 다하는구나. 못돼먹은 녀석 같으니!"

이렇게 사납게 큰아들을 욕하더니 얼른 낯빛을 바꿔 웃는 얼굴로 오리처녀의 팔을 잡아끌며 은근한 어조로 말했다.

"아가씨, 당신을 나무라는 건 아니라우. 어서 나와 함께 나갑시다. 이곳은 당신같이 예쁜 처자가 살 곳이 못 된다오."

"싫어요!"

오리처녀가 손을 뿌리쳤다.

"아가씨도 참, 저 녀석과 함께 지낸다는 것은 아름다운 꽃을 소똥 위에 꽂아두는 거나 다름없는 어리석은 일이라우."

"어머니, 이 사람은 이미 저와 부부가 되었습니다!"

성이 난 큰아들이 제법 목소리를 높였다.

"좋다, 네놈은 부모의 허락도 매파의 중매도 없이 제멋대로 혼인을 하여 풍기를 어지럽혔다. 내 이 사실을 관아에 알려 네게 곤장 마흔 대를 내리게 할 터이니 그런 다음 같이 살든지 말든지 해라!"

그러자 오리처녀가 다급히 말렸다.

"한집안 식구끼리 고발이라뇨 당치도 않습니다! 남들이 비웃을까 두렵습니다."

오리처녀의 이 말에 계모가 눈알을 음흉스레 데굴 굴리더니 말했다.

"좋다. 내 이 처자의 낯을 봐서 관아에 고발하지는 않으마. 대신에 내일 중으로 열 무畝 넓이의 연못 구덩이를 하나 파야 할 것이다. 만일 파지 못한다면 이 처자는 네 동생 몫이 될 테니 그리 알아라!"

"그, 그건……."

큰아들은 감히 말대꾸도 못하고 속으로 애만 태웠다.

"문제없습니다. 그까짓 것 뭐 하루도 필요 없습니다. 내일 아침 제가 파드리지요."

오리처녀가 옆에 서 있다가 아무렇지도 않게 말했다.

"호오, 그래요? 한 입으로 두말하기 없깁니다!"

계모와 둘째아들이 의기양양해하며 돌아간 후 큰아들은 양미간을 잔뜩 찌푸리며 두 손으로 머리를 움켜쥔 채 쪼그리고 앉아 연신 한숨과 탄식을 내뱉었다. 오리처녀는 그 모습을 보더니 소리 없이 피식하고 웃음을 지으며 말했다.

"염려 마셔요. 이까짓 일은 아무것도 아니니 제게 맡겨두세요."

"당신에게 어디 그런 수완이 있겠소."

"어쨌든 안심하세요. 제게 좋은 방법이 있으니까요."

그날 밤 인적이 끊기자 오리처녀는 집 앞에 있는 공터로 나와 머리칼 속에 꼽혀 있던 금비녀를 뽑아 땅을 향해 한 번 휘익 휘둘렀다.

이튿날 아침, 대문을 나서던 계모는 크게 놀랐다. 너비가 열 무畝나 되는 구덩이가 하룻밤 사이에 다 파져 있었던 것이다. 부아가 치민 그녀는 다시 큰아들에게 소리쳤다.

"네 녀석 재주가 이토록 대단하니 이 일도 문제없겠구나. 사흘 내로 이 구덩이를 팔팔 끓는 물로 가득 채워놓아라. 그렇지 않으면 오리처녀는 둘째 몫이다!"

"그렇게 하지요. 사흘씩이나 필요 없습니다. 내일 아침까지 다 해드리지요."

큰아들의 대답을 기다릴 것도 없이 오리처녀가 그렇게 응대하였다.

계모가 돌아가고 난 뒤 큰아들이 오리처녀에게 말했다.

"당신이란 사람도 참, 사흘 동안 꼬박 해도 안 되는 일을 하룻밤 사이에 해 내겠다니요?"

"걱정하지 마시고 물이나 끓이러 가요."

그날 저녁 오리처녀는 큰아들이 물지게로 져 날라 온 물을 금비녀로 한번 휙 휘저은 다음 구덩이 안에 쏟아 부었다. 그러자 이내 물은 부글부글 끓어오르기 시작하더니 순식간에 구덩이를 그득 채우는 것이었다. 집으로 돌아와 오리처녀는 금덩어리와 은덩어리를 내보이며 큰아들에게 몇 마디 귓속말을 하자 큰아들은 고개를 끄덕끄덕하였다.

계모는 집으로 돌아온 뒤 마음이 들떠 잠조차 제대로 이룰 수 없었다. 큰아들이 제아무리 수완이 좋다고 해도 이 일만은 해내지 못할 것이라고 여겼다. 다음날 새벽 둘째아들과 함께 대문 밖으로 나온 그녀는 눈앞에 펼쳐진 광경을 보고 자신의 눈을 의심하지 않을 수 없었다. 어제까지만 해도 물 한 방울 없었던 구덩이에 하늘을 찌를 듯한 열기를 내뿜는 뜨거운 물이 그득히 담긴 채 부글부글 끓어오르고 있었던 것이다. 잔뜩 성이 난 그녀는 음흉한 눈알을 다시 데구르르 굴리더니 큰아들에게 말했다.

"아들아, 어서 와서 보거라. 끓는 물속에 커다란 물고기가 다 노닐고 있구나!"

큰아들은 아무런 의심도 없이 허리를 구부려 물속을 들여다보았다. 그때 돌연 계모가 뒤에서 그를 떠밀어 연못에 빠뜨리니 큰아들은 몇 차례 허우적거리더니 이내 연못 속으로 가라앉아버렸다. 뜻밖의 광경에 둘째아들은 잠시 놀라는 듯하더니 금방 좋아서 팔짝거렸다. 오리처녀는 속으로 그들을 증오하였지만 아무런 내색도 하지 않았다.

그때 돌연 연못 속으로 가라앉았던 큰아들이 수면 위로 솟아올라 그들을 향해 고함을 질렀다.

"빨리 들어와 금은덩이 건져가세요!"

계모는 멀쩡한 큰아들을 보고 놀라는 것도 잊고 그의 손에 들려 있는 반짝이는 금덩어리며 설백의 은덩어리를 보고는 침을 게게 흘리며 물었다.

"아들아, 이 금은보화들은 어디서 난 게냐?"

"연못 바닥에서 건져 올린 거예요!"

"얼마나 있더냐?"

"잘은 모르겠지만 그리 많지는 않을 겁니다. 그리고 미리 말해두지만, 이 금은보화는 건져 올린 사람 몫이니 나중에 나눠달라는 말은 하지 마십시오!"

말을 마치자마자 큰아들은 풍덩! 물소리와 함께 물속으로 자맥질해 들어갔다.

계모는 금은 덩어리들이 얼마 없다는 말을 듣자 큰아들이 혼자서 그 보물들을 독차지하게 될까 두려워 급히 둘째아들에게 재촉했다.

"빨리 뛰어 들어가 건져 올리지 않고 뭐 하는 게냐!"

"물이 이렇게 부글거리는데 어떻게 들어가요?"

둘째아들이 뒷걸음질치며 겁에 질린 목소리로 말했다.

"네 형인들 뜨겁지 않겠느냐? 어서 들어가거라. 보물이 너무 많아 너 혼자 가져올 수 없으면 물위로 올라와 손을 흔들거라. 그러면 나도 건지러 들어가겠다."

그러고는 둘째아들을 잡아끌어 다짜고짜 연못 속으로 떠밀었다.

연못에 빠진 둘째아들은 수영도 못하는데다 물은 물대로 뜨거워 물위로 솟구쳐 몇 차례 허우적거리다 그대로 물속으로 가라앉았다. 그녀는 아들의 그러한 모습이 자신을 향해 손을 흔드는 것으로 알고는 즉시 풍덩! 하는 소리와 함께 연못 속으로 뛰어들었다. 나쁜 일만 일삼던 두 모자母子는 이리하여 다시는 물위로 올라오지 못했다.

　잠시 후 큰아들이 연못에서 걸어나오며 고개를 갸웃거리며 중얼거렸다.

　"참 이상도 하지. 물이 이렇게 펄펄 끓는데 조금도 뜨겁지 않으니."

　오리처녀가 그 말을 듣고 말했다.

　"이 물은 악한 사람에게는 목숨을 앗아갈 만큼 뜨겁지만 착한 사람에게는 목욕물처럼 따뜻하답니다."

　그 후 연못의 물은 점점 식어갔지만 물방울만큼은 끊임없이 샘솟았다. 큰아들 백노대와 이곳 주민들은 제방을 높이 쌓아 넘치는 물을 막아두었다가 농작물에 물대었다. 세월이 흐르면서 물은 점점 많아지고 제방도 점점 높아갔다. 해가 질 무렵, 화려한 채색비단 같은 저녁놀이 수면 위로 내리고 무리를 이룬 새끼오리들이 가볍게 물위를 스쳐 지나가면 잔잔한 물결은 황금빛 저녁놀 아래서 금빛 고기비늘처럼 반짝거린다. 황금빛 눈부신 아름다움을 연출하는 이 저수지를 사람들은 노란 오리가 변신한 오리처녀가 만들었다 하여 '황수패'라 불렀다.

　이 오리처녀 이야기는 동물이 아름다운 처녀로 변하여 자신을 구해준 평범한 남자와 결혼하고 또 자신들의 삶에 끼어드는 여러 방해 요인들을 극복하고서 결국 행복한 삶을 누린다는 점에서 우리나라의 전래동화 '우렁각시'와 닮아 있다.

　"노란 오리가 변신한 오리처녀가 만들었다 하여 '황수패'라 불렀다."

　'황수'라 이름 붙은 유래치고는 좀 빈약한 감이 없지 않으나, '예쁜 아내를 만나 행복하게 살고자 하는 서민들의 소박한 꿈'과 '악한 자는 벌을 받고 선한 자는 복을 받는다는 원칙이 살아 있는 사회'라는, 당대 서민들의 바람과 의지를 담고 있어 나름의 가치를 지니고 있는 전설이다.

누런 물을 뜻하는 '황수'라는 이름이 붙은 까닭에 대한 좀 더 사실적인 해석이 있다. 1938년 이곳에 처음 제방을 쌓아 저수지를 만들기 전 이곳을 흐르던 물은 모래 속에서 솟아나 모래 위를 흘러가는 까닭에 그 색깔은 당연 누랬다. 이 때문에 이곳에 저수지가 생긴 뒤로도 사람들은 이 저수지가 누런 물을 비축한다 하여 '황수'라는 이름을 붙였다는 것이다.

황수패 저수지는 다른 여타의 저수지와는 다른 특이한 점이 있다. 일반적으로 저수지의 제방은 산골짜기 사이에 위치해 있게 마련인데 황수패의 제방은 평지에 건설되어 있고, 보통의 저수지가 하천이나 골짜기의 물을 막아 이루어지지만 황수패는 고비사막의 지하에서 솟아나는 수많은 줄기의 샘물이 모여 형성되었다는 사실이다.

천마를 사로잡다 - 악와지渥洼池

옛양관에는 푸르름으로 가득 찬 오아시스가 있는데, 이 오아시스에는
악와지渥洼池라는 제법 큰 호수가 있어 일대의 경관을 더욱 아름답게
하고 있다. 악와지는 그곳에서 천마가 나타났다 하여 천마의 고향으로 알려진
곳인데, 그 같은 이야기는 언제 어떻게 해서 생겨난 것일까?

한 무제 때 이곳 악와지에 폭리장暴利長이라는 사람이 살고 있었다. 본래 조
정의 관리였던 그는 황제께 직언을 서슴지 않다가 황제의 노여움을 사서 이곳
으로 유배되어 둔전屯田을 갈고 말을 키우는 잡역에 종사하고 있었다. 어느 날
들판에서 여느 때처럼 말을 먹이고 있던 그는 가끔씩 나타나는 한 떼의 야생
마 가운데서 유난히 눈에 띄는 말 한 마리를 발견하였다. 유달리 체격이 크고
골격이 비범한데다 붉은 대춧빛 털을 가지고 있어 달리는 모습이 마치 타오르
는 불덩이 같은 게 한눈에 보기에도 희귀한 천마임에 틀림없었다.

황상이 보마를 지극히 아낀다는 사실을 잘 알고 있었던 폭리장은 이 뜻밖의
발견에 펄쩍펄쩍 뛰며 기뻐하였다. 천마를 잡아다 황상에게 바칠 수만 있다면
자신에 대한 황상의 노여움을 가시게 할 수 있을 것이란 생각에서였다.

'아, 쫓겨난 관직을 되찾는 것은 그만두고 그저 부모처자와 함께 살 수만 있었으면……'

어떻게든 천마를 잡아야겠다고 마음먹은 그는 며칠간의 끈질긴 관찰을 통하여 천마가 다른 야생마들과 함께 매일 악와지로 물을 마시러 간다는 사실을 알아내고 악와지로 가는 길목에다 밧줄을 쳤다. 말의 다리를 걸어 자빠뜨리기 위함이었다. 그 결과 다른 야생마들은 다 여기에 다리가 걸려 넘어지는데도 유독 이 천마만은 밧줄을 피해 멀찌감치 돌아서 갔다. 밧줄의 효험이 없자 이번엔 함정을 팠다. 하지만 그것 역시 아무런 도움이 되지 못했다. 함정으로 빠지는 다른 말들과는 달리 그 천마만큼은 그곳을 피해 유유히 지나갔던 것이다.

'천마를 잡지 못하면 모든 희망은 물거품이 되고 만다.'

초조해진 마음에 밧줄로 올가미를 만들어 하루 내내 뛰어다녀도 보았지만 천마를 잡기는커녕 말 무리 근처에도 다가갈 수 없었다. 얼굴이 온통 땀으로 뒤범벅이 되고 다리는 시큰거리며 아파왔다. 피곤에 지친 그는 발길 닿은 어느 작은 사찰 입구에 벌렁 드러누워버렸다.

그런 그의 눈에 문득 금강역사가 보였다. 커다란 눈알을 부라리며 주둥이는 핏사발 같이 새빨간데 온몸에는 독사를 칭칭 두른 험상궂은 형상이었다. 물끄러미 그 모습을 올려다보던 그의 입가에서 피식, 웃음이 흘러 나왔다.

'그대가 제아무리 험한 표정으로 겁을 줘도 그대는 진흙으로 만든 가짜에 불과할 뿐이라서 어린아이나 그대를 두려워할 거네.'

이런 생각을 하는 그의 마음속에 퍼뜩 떠오르는 게 있었다.

'어린아이는 왜 금강을 무서워할까. 그것은 어린아이가 보고 들은 게 없어 금강이 낯선 까닭이다. 천마가 사람이 가까이 가는 것을 겁내는 것도 어쩌면 그 때문이 아닐까?'

그 순간 천마를 사로잡을 한 가지 묘안이 그의 머리에 떠올랐다.

폭리장은 즉시 행동에 들어갔다. 먼저 진흙 더미를 잔뜩 실어와 야생마 무리들이 자주 물을 마시러 가는 길목에다 자신의 모습을 꼭 빼닮은 진흙 인간을 만들어놓았다. 그가 입던 옷을 걸치고 한 손에는 올가미 밧줄을 한 손에는 고삐를 들고 있는 채로였다. 저녁 무렵 야생마 무리 틈에 끼여 물을 마시러 온 천마는 문득 길가의 진흙 인간을 보고 깜짝 놀라며 뒤돌아 달아나버렸다.

이튿날 새벽에 또다시 물을 마시러 온 천마는 여전히 그곳에 서 있는 진흙 인간을 발견하고 어제와 마찬가지로 도중에 되돌아가버렸다. 몇 차례 그 같은 일이 반복되는 동안 천마는 그것이 실제 사람이 아니라는 것을 알게 되었고 더 이상 그것을 보고 달아나는 일이 없게 되었다.

그러던 어느 날 폭리장은 진흙 인간을 치우고 그 자리에 자신이 미동도 하지 않은 채 서 있었다. 물론 진흙 인간이 그동안 입고 있었던 복장에다 손에는 밧줄과 고삐를 든 차림으로였다. 서산 너머로 해가 질 무렵이 되자 천마가 야생마들 틈에 끼어 히이힝 소리를 지르며 경중경중 뛰어오는 게 보였다. 폭리장은 쿵쿵 뛰는 가슴을 애써 가라앉히며 천마가 가까이 다가오기만을 기다렸다. 그리고 천마가 그의 앞에서 잠시 멈칫 하다가 곧 경계를 풀고 스쳐가려는 순간 그는 잽싸게 올가미 밧줄을 던졌다. 올가미는 정확히 천마의 머리로 날아가 목을 휘감았다. 깜짝 놀란 천마가 달아나려고 바동바동 몸부림치다가 폭리장이 올가미 밧줄을 움켜잡고 재빨리 달려들어 고삐를 덮어씌우니 더 이상 요동치지 않고 순순히 그에게 붙잡혔다.

뜻이 있는 곳에 길이 있다더니, 폭리장은 그렇게 붙잡은 천마를 한 무제에게 바쳤고, 이로써 황제의 환심을 산 그는 새로운 관직에 봉해졌다. 그러나 그는 제수받은 관직을 정중히 사양하고 가족들이 살고 있는 고향으로 내려갔다. 천마를 바치면서 폭리장은 신이함을 더하고자 거짓으로 그것이 악와지에서 솟아나온 것이라 고하니, 한 무제는 이를 길상하다 여기고는 「천마가天馬歌」 한 수를 지어 그 기쁨을 노래하였다. 악와지에서 천마가 나왔다는 이야기는 이로부터 퍼져나갔다.

천마를 얻은 한 무제가 그 기쁨을 노래하였다는 천마가가 『사기史記』「악서樂書」에 남아 있다. "태일공혜천마하太一貢兮天馬下, 점적한혜말류자霑赤汗兮沫流赭. 빙용여혜예만리騁容與兮跙萬里, 금안필혜용위우今安匹兮龍爲友." 그 뜻은 이러하다. "태일신께옵서 천마를 내리시었는데, 뛸 때면 붉은 땀과 침을 흘리네. 한번 달리면 만 리를 뛰어넘으니, 오직 (하늘을 나는) 용만이 그와 짝할 수 있으리라." 그 말이

천마상. 하늘을 나는 제비가 발굽 아래 놓여 있다.

129

오죽 마음에 흡족했으면 한 무제 자신이 가장 숭배하고 존경하던 태일신太一神이

하사한 것이라 여겼을까 싶다.

황제가 말에게 작위를 하사하다 - 수창해壽昌海

양관의 동쪽에는 수창성壽昌城이라 불리는 옛 성곽의 잔허가 모래더미 속에 군데군데 모습을 드러내고 있다. 이 수창성의 남측에는 하천이 굽이굽이 흐르는 저지대가 드넓게 펼쳐져 있고, 그 한가운데는 맑고 푸른 호수가 안개에 싸인 채 고즈넉이 자리하고 있다. 바로 악와지渥洼池라 불리는 곳이다. 그런데 이 악와지는 한때 '장수長壽'와 '창성昌盛'을 뜻하는 '수창해壽昌海'라는 이름으로 불린 적이 있었다. 수창성이라는 성곽 이름 역시 이 수창해에서 따온 것이라는데, 이 '수창壽昌'이라는 상서로운 이름은 어디서 연유한 것일까? 그것은 한漢 천자가 어느 보마寶馬에게 하사한 것이라 한다.

옛날 어떤 사람이 악와지에서 보마를 붙잡아 한漢 천자에게 그것을 바쳤다. 크고 건장한 체구에다 둥그스름한 허리와 새까맣고 자르르 윤기가 흐르는 터럭, 그리고 눈처럼 하얀 발굽을 지닌 게 누가 보아도 명마임을 알 수 있게 하는 잘생긴 말이었다. 때마침 화갑 생신을 맞은 황제는 이 보마를 진상받자 크게 기뻐하며 보마의 아름다움에 찬탄을 아끼지 않았다. 그리고 이 보마의 출현을 길조라 여기며 말에게 '수창보기壽昌寶驥(장수와 창성을 불러오는 보배로운 명마' 라는 작위를 내렸다. 아울러 말을 돌보는 관리에게 명하여 백옥을 박은 굴레와 재갈을 채워주도록 하니, 그러잖아도 뛰어난 자태의 명마는 더욱 수려하고 늠름해 보였다.

그런데 어찌된 일인지 이 수창보기는 천자의 마구간에 들어온 이후로 한 군데 가만히 있지 못하고 이리저리 왔다갔다하며 불안해하였다. 게다가 매일 해가 저물 무렵이면 저녁노을을 바라보며 하늘을 향해 길게 울부짖는데, 그 소리가 어찌나 처량하고 구슬픈지 그 소리를 듣는 사람 치고 눈물을 흘리지 않는 이가 없었다. 제아무리 부드럽고 맛좋은 먹이를 주고 맑고 시원한 물을 주어도 도무지 입을 대려 하지 않았다. 상황이 그러하니 말을 돌보는 관리는 걱정이 되지 않을 수 없었다. 말이 죽기라도 한다면 천자의 엄한 추궁이 있을 것임은 불을 보듯 뻔한 일이었다. 이 때문에 몇날 며칠 머리를 싸매고 있던 그는 천자의 환심을 사면서도 말을 놓아줄 묘안 하나를 생각해냈다. 그리고 그 즉시 천자께 달려가 황망함을 과장하여 아뢰었다.

"폐하, 보마가 병이 들었기에 이에 아뢰는 바입니다."

"그게 무에 그리 큰일이라고 이토록 허둥대느냐!"

대단찮은 병이려니 생각한 황제가 못마땅한 표정으로 말했다.

"폐하, 보마는 며칠 동안 계속 풀도 사료도 먹지 않고 있는데 어의조차 치료할 방도가 없다 합니다."

"도대체 무슨 병이라더냐?"

어의조차 손을 놓고 있다는 말에 황제가 낯빛을 바꿔 물었다.

"회향병懷鄕病이옵니다."

"뭣이? 짐승이 고향을 그리워한다고?"

"고향을 그리워하는 것은 사람이나 짐승이나 모두 다 똑같습니다. 기러기가 가을철에 남쪽으로 날아가고 제비가 봄철에 북쪽으로 날아오는 것은 고향을 그리워하는 까닭이지요. 보마는 서쪽 땅에 익숙해 있는데다 성질이 거칠고 기운까지 대단하니 옛 땅을 그리워하는 것은 당연지사입니다."

말 돌보는 관리는 말재간이 있는 사람이었다. 말이 물과 사료를 먹지 않는 일을 이렇게 그럴 듯이 보태어 말하니 황제는 그의 말을 안 믿으려야 안 믿을 수가 없었다.

"이를 어찌 하면 되겠느냐?"

"속히 서쪽으로 돌려보내야 합니다."

"뭣이라고! 감히 겁도 없이 함부로 입을 나불대는구나! 그대는 과인이 말을 얼마나 아끼는지 모르는가?"

"그래서 드리는 말씀입니다. 소인은 목이 달아날 각오를 하고 폐하께 이렇게 간언 드리는 바입니다."

"그래서 하는 말이라니 그게 무슨 뜻이냐?"

"폐하께서 보마를 지극히 아끼신다는 사실은 천하가 다 아는 일입니다. 허나 폐하로부터 작위를 하사받은 경우는 이 말이 유일한데, 그러한 이 말을 놓아 보내신다면 폐하께서 보마에게 작위를 하사한 사실을 천하가 다 알게 될 것입니다. 그렇게 되면 수천 수만의 준마들이 작위를 얻고자 잇달아 이르게 될 터인즉 폐하께서는 더욱 많은 준마들을 얻을 수 있게 되실 겁니다. 반면에 행여 이 말이 죽기라도 하는 날에는 천하의 말들이 무서워 벌벌 떨게 될 것이니 어떤 준마가 감히 폐하께 오겠습니까? 이 점 깊이 헤아려주십시오."

그의 말을 듣고 황제는 곰곰 생각에 잠기더니 마침내 보마를 놓아 보내라는 명을 내렸다.

이튿날 이른 아침 말을 돌보는 관리는 홀가분한 마음으로 보마를 장안長安 서문 밖으로 데리고 나가 고삐를 풀어준 다음 서쪽을 가리키며 말 잔등을 한 차례 툭 치며 말했다.

"자, 이제 네 고향으로 돌아가거라."

그러자 그 말은 사람의 말을 알아듣기라도 하는 것처럼 그를 향해 머리를 끄덕였다. 그런 다음 앞으로 몇 걸음 달려 나가더니 히이잉, 길게 한번 소리를 지르며 서쪽을 향해 내달리는데 그 빠르기가 마치 시위를 떠난 화살 같았다.

수창보기는 달리고 또 달려 해 질 무렵에 어느새 양관에 다다랐다. 작은 산언덕 위에 서서 잠시 숨을 돌리던 수창보기는 황제가 내린 굴레와 고삐가 여전히 자신의 머리에 매달려 있음을 깨달았다. 이에 짜증스레 머리를 세차게 흔드니 그것들은 백팔십 리 밖 한 산봉우리로 떨어져나갔다. 그러고 나서 몇 차례 땅바닥을 뒹굴더니 히힝! 하는 우렁찬 소리를 지르며 자신의 무리들을 찾으러 나섰다.

그 후 사람들은 이 준마를 기념하는 뜻에서 악와지를 수창해라 고쳐 불렀고 이 지역을 수창현壽昌縣이라 불렀다.

한 무제 때의 폭리장暴利長이라는 사람이 악와지에
서 천마를 잡아 한 무제에게 바친, 앞서의 '천마를 사
로잡다'라는 전설의 연속으로 보인다. 한 무제는「천
마가」라는 시를 지어 이 보마를 얻은 기쁨을 노래하였
는데, 이 시에서 그는 이 말을 자신이 가장 숭앙하는
태일신太一神의 선물로 여기며 이 말의 용맹함을 비룡
에 비견한 바 있다. 당시 중국에서 사육되던, 왜소한

양관에서 바라본 용륵산. 뒤쪽에
희미하게 병풍처럼 둘러쳐져 있다.

체구에 형편없는 지구력과 속도를 가지고 있던 보통
말만 보아오던 황제의 눈에 하루에 천 리를 달릴 수 있는 서역의 말은 그야말로
하늘을 나는 듯했을 것이다.

양관에서 90킬로미터 떨어진 곳에 용륵산龍勒山이라 불리는 산이 있다. '용마의
굴레'를 뜻하는 '용륵'이란 이름이 붙은 것으로 보아, 수창보기에 의해 떨려 나간
굴레와 고삐가 가 닿은 산봉우리가 바로 이 산이 아닌가 생각된다.

양관의 벽돌로 벼루를 만들다 - 양관벼루陽關硯

고 동탄의 양관을 이루고 있는 벽돌은 색깔이 새까맣고 촉감이 보드랍고
매끄러우면서도 단단하기는 돌과 같다. 그 유명한 양관연은 바로 이
양관의 벽돌을 갈아서 만든 것이다.

성벽의 벽돌을 갈아서 벼루를 만든다는 것은 세상에서 그 유례를 찾아보기
힘들다. 도대체 누가 그런 생각을 하였던 것일까?

오랜 옛날 사주군沙州郡에 늙은 서생 하나가 번화한 거리 한켠에다 좌판을
벌이고 서화를 비롯하여 붓, 먹, 종이, 벼루 등을 팔고 있었다. 써놓은 글씨를
보니 호쾌하고 힘이 넘치는데다 필속筆速에 완급이 있어 자유분방하고 호탕한
느낌을 주는 명필이었다. 이에 잠깐 사이에 수많은 서예 애호가들이 몰려들었
고 얼마 지나지 않아 그가 가지고 온 서화는 모조리 팔려버렸다.

이날 정오 무렵, 이 늙은 서생의 좌판 주위로 하나둘씩 구경꾼들이 몰려들
기 시작하였다. 가져온 서화가 다 팔려버리자 그 자리에서 글씨를 쓰는 그의
모습을 구경하기 위해서였다. 수많은 구경꾼들이 빙 에둘러 선 한가운데 이
늙은 서생은 단엄히 앉아 벼루에 먹을 갈고 화선지를 펼친 다음 서서히 붓을

휘둘러 글씨를 써 내려갔다.

한여름 사막의 태양은 말 그대로 작열한다. 땅위에 물을 뿌리면 하얀 연기를 내뿜으며 순식간에 물이 말라버릴 정도로 이글거린다. 이러한 태양 아래다 보니 벼루 위의 먹물이 남아날 리 없었다. 몇 자 적기도 전에 바싹 말라버리니 서생은 하는 수 없이 붓을 멈추고 물을 부어 먹을 다시 갈아야만 했다. 문장을 단숨에 써내려가지 못하고 썼다 멈췄다를 반복하니 글씨가 제대로 쓰일 리 없었다. 삐뚤빼뚤 그야말로 말이 아니었다. 사람들은 웅성거렸다. 어떤 이는 탄식하고 어떤 이는 비아냥거리며 모두 뿔뿔이 흩어지고 말았다. 부끄러움에 얼굴이 벌겋게 달아오른 늙은 서생은 땀을 뻘뻘 흘리며 황급히 좌판을 치우고 그곳을 벗어나려 하였다.

이때 좌판 옆에 서 있던 한 젊은이가 이 늙은 서생에게 공손히 말을 붙였다.

"어르신, 저는 성은 유劉에 이름은 문文이라 합니다. 우선 이 만생晚生의 절부터 받으시지요."

그러면서 맨바닥에 엎드려 큰절을 올리는 것이었다. 이에 늙은 서생이 황급히 예를 갖추며 물었다.

"어이하여 이 늙은이에게 이렇게 절을 올리시는가?"

"어르신을 스승으로 모시고 서법을 배우고자 합니다."

진지한 얼굴 표정이었다.

"그게 무슨 말씀이오? 이 늙은이는 재주 없는 졸필인데다 오늘 사람들 앞에서 망신까지 당하고서야 어찌 감히 제자를 받을 수 있겠소?"

완곡한 거절이었다.

"그렇지 않습니다. 제가 보기에 오늘 어르신의 실수는 어르신의 재주가 부족해서가 아니라 사용하신 벼루가 적당하지 못했던 까닭입니다."

진정에서 우러나오는 소리였다.

"벼루가 적당하지 못했다니 그게 무슨 말씀이신지……."

"어르신이 사용하신 벼루는 비록 훌륭하나 이곳과 같은 무더운 사막에서 사용하기에는 적합하지 않습니다. 먹물이 너무 빨리 말라버려 한 글자 써내려가기도 어렵습니다. 이 때문에 어르신이 제대로 실력을 발휘할 수 없었던 게지요."

"듣고 보니 일리가 있구려."

젊은이의 지적에 벼루를 들여다보던 늙은 서생이 고개를 끄덕이며 말했다. 젊은이가 말을 이었다.

"저는 어려서부터 서법에 남다른 애착을 가졌으나 넉넉지 못한 집안 살림에 제대로 가르침을 받지 못해 재주에 커다란 진전을 보기 어려웠습니다. 만일 어르신께서 미천한 이 몸을 마다하지 않으시고 제자로 받아들여주신다면 그 은혜 결코 잊지 않겠습니다. 그리고 제게 벼루 하나가 있는데 볼품은 없지만 사용하기 제법 편리하오니 어르신께서 한번 써보시지요."

말을 마치고는 벼루 하나를 꺼내어 좌판 위에 올려놓았다. 늙은 서생은 젊은이가 내놓은 벼루를 쳐다보고는 어이가 없었다. 그것은 벼루라기보다는 차라리 조잡하기 짝이 없는, 가운데가 움푹 팬 벽돌이었다. 써볼 것도 없다 싶었지만 젊은이의 체면을 봐서 마뜩찮은 대로 그러겠다고 대답하였다.

젊은이는 당장 벼루에 물을 붓고 먹을 갈기 시작했다. 얼마 후 은은한 묵향이 배어나오며 짙고 윤기 나는 먹물이 되었다. 늙은 서생은 붓에 먹물을 충분히 적시고서 글씨를 써보는데 뜻밖에도 글씨가 술술 잘 써지는 것이었다. 그 자리에서 다섯 장의 글씨를 써 내려가는데, 그 짧지 않은 시간 동안에 벼루 안의 먹물은 여전히 마르지 않고 있었다. 그는 놀라움과 기쁨으로 어쩔 줄 몰라 하며 붓을 놓자마자 젊은이의 손을 덥석 움켜잡으며 말했다.

"여보게, 내 오늘 이 사주 땅에서 망신만 당해 부끄럽기 짝이 없었는데 뜻밖에도 젊은이가 이 벼루로 나를 구해주었구려. 이 늙은이 평생 동안 동서남북을 떠돌며 수없이 많은 붓을 무뎌 없애고 수없이 많은 벼루를 갈아 없앴지만, 이처럼 뜨거운 여름날에도 먹물이 마르지 않는 벼루는 이제껏 본 적이 없었소! 대체 이 벼루는 어디서 만든 것이오?"

"이곳에서 남쪽으로 백사십 리 떨어진 옛 양관에서 난 것입니다. 양관의 성벽에 사용된 벽돌을 갈아서 만든 것이지요."

"아하, 바로 양관벼루였구려! 그런데 살 수는 있는 게요?"

"누가 그걸 돈 주고 사겠습니까? 필요하면 양관에 가서 벽돌 한 장 가져다 만들면 되는 걸요."

"젊은이는 어떻게 양관의 벽돌로 벼루를 만들 생각을 했었던 게요?"

늙은 서생이 그에게 차를 한잔 건네며 물었다. 늙은 서생의 질문에 젊은이는 후유, 하고 길게 한숨을 내쉬더니 벽돌로 벼루를 만들게 된 사연에 대해 이야기하였다. 그의 말에 따르면, 본래 이 지역에서 사용되는 문방사우는 죄다 머나먼 중원 땅에서 날라 온 것들로, 그 가격이 엄청나게 비싸 돈 많은 부호들이나 사 쓸 수 있었는데, 벼루는 그중에서도 특히 고가여서 하나에 밀 서너 석을 주어야 살 수 있었다는 것이다. 글쓰기를 좋아했으나 벼루 하나 장만할 여유가 없는 빈궁한 집안의 그는 깨진 사발그릇에 먹을 갈아 사용해보기도 했으나 도무지 글씨가 제대로 써지지 않았고, 이 때문에 많은 고민을 했다고 한다.

그의 부친 역시 아들에게 벼루 하나 사주지 못한 것에 몹시 마음 아파했다. 그러던 어느 날 고동탄으로 양을 방목하러 갔던 부친은 성벽의 벽돌이 벼룻돌처럼 세밀하고 고운 것을 보고는 한 가지 묘안을 떠올렸다. 즉시 쇠막대기로 벽돌에 구멍을 뚫고 곱게 갈아 벼루 모양으로 만들어 집으로 가져왔다. 그리고 거기에 먹을 갈아 글씨를 써본 결과 어느 벼루 못지 않게 글씨가 잘 써졌다. 게다가 겨울에는 먹물이 얼지 않고 여름에는 마르지 않았다. 이리하여 주변의 가난한 젊은이들은 모두 이렇게 벽돌을 갈아서 만든 벼루로 글씨 연습을 하게 되었다는 얘기였다.

"평범한 그대들이야말로 진정한 지자智者로다!"

말을 듣고 난 늙은 서생은 이렇게 찬탄을 하고는 즉시 젊은이를 제자로 받아들였다. 그 후 늙은 서생은 양관벼루에 먹을 갈아 글씨를 쓰게 되었는데 그 필력이 이전보다 훨씬 힘차고 호쾌해지니 그의 명성은 금세 군 전체에 퍼져나갔다. 사방에서 수많은 서생들이 달려와 그의 서화를 사들이고 그의 양관벼루를 구경하였다. 심지어는 군의 태수조차 그에게 거실에 걸 족자를 부탁하기도 하였다.

양관벼루의 명성이 퍼져나가자 글 읽는 사람들은 너도나도 양관의 벽돌을 주워다 벼루를 만들었다. 그 후 점차 벽돌을 구하기 어렵게 되자 양관벼루의 가치는 더욱 높아지게 되었다.

중국에 이른바 사대四大 벼루라는 게 있다. 광동성 단계端溪의 단연端硯, 강서성 용미산龍尾山의 흡연歙硯, 감숙성 조하洮河 일대의 조연洮硯, 산동성 유방濰坊과 치박淄博 일대의 노연魯硯이 그것인데, 이들은 모두 돌로 만든 것들이다. 이 때문인지는 몰라도 벼루는 당연히 돌로만 만드는 것으로 생각하는 사람들이 많다. 그러나 사실 당唐나라에 들어서 비로소 돌로 만든 벼루가 보편화되었지 그 이전까지는 보통 질그릇이나 기와, 벽돌, 옥, 오지그릇 등으로 벼루를 만들어 사용했었다.

너무 거칠지도 너무 매끄럽지도 않은데다 먹물이 여름에는 마르지 않고 겨울에는 얼지 않는다 하니, 좋은 벼루가 갖추어야 될 조건은 모두 갖춘 까닭에 오늘날에도 생산될 수만 있다면 명연名硯의 반열에 오를 수도 있을 것이란 양관벼루다.

양관에는 2003년에 개관한 양관박물관이 있고, 그곳을 지나야만 양관 유지나 한대 봉화대 등의 유적지를 관람할 수 있다. 그 양관박물관을 관람하다 보면 옛 관청을 흉내낸 '양관도위부陽關都尉府'라는 곳을 지나게 된다. 옛날 양관을 나서는 사람들에게 나가도 좋다는 증명서를 발급하던 곳이다. 고대인의 복색을 하고 있는 한 남자가 고대의 출관 증명서를 모방한 증서에 붓으로 관광객의 이름을 적어주며 팔고 있는데, 그 남자가 사용하고 있는 벼루가 바로 양관벼루라고 한다. 그 남자

양관도위부 관원 모습을 하고 있는
남자.

양관벼루

는 고동탄에서 발견한 양관 벽돌로 자신이 직접 만든 벼루라고 '주장'하며 그 귀한 양관벼루가 바로 눈앞에 있다는 데서 적잖이 흥분하면서도 선뜻 믿지 못해하는 필자의 불신적 태도를 나무랬다. 그래도 의구심이 가시지 않았지만 박물관 내 공예품전시관의 관리인도 그것이 진짜라고 하니 믿지 않을 수 없겠다.

　고동탄에서 혹시라도 검고 부드러우며 돌처럼 단단한 벽돌 조각을 발견하거든 가벼이 보아 넘기지 마시라. 그 유명한 양관벼루가 바로 그러한 벽돌 조각으로 만든 것이니.

금계金鷄가 길을 인도하다 – 수창성壽昌城

일망무제의 유사流砂는 수창성壽昌城을 철저하게 뒤덮어버렸다. 다만 일부 구간의 성벽만이 바람에 깎이고 비에 쓸리면서 모래언덕 위로 의연히 솟아 있을 뿐이다. 이 천고千古의 성터에 한 떼의 아름다운 금계가 살고 있었다고 전해온다.

오랜 옛날 돈황성에 송 모라는 탐욕스런 자가 잡화 점포를 운영하고 있었다. 여러 명의 점원을 부리고 있었던 그는 점원들로 하여금 직접 여러 마을들을 돌며 그곳 주민들에게 물건을 팔게 하는 방법으로 돈을 벌어들이고 있었

수창성

143

다. 이들 점원 가운데 석노삼이라는 사람됨이 성실하고 마음씨 선량한 자가 있었는데, 그는 비록 장사치였지만 물건을 팔면서 절대 남을 속이거나 남에게 손해를 입히지 않았기에 사람들은 다들 그에게서 물건을 사고 싶어했다. 그해도 저물어갈 무렵 주인 송씨는 석노삼에게 양관으로 물건을 싣고 가서 그것들을 팔아오게 하였다.

흔히들 '돈 있는 자의 설은 즐겁지만 돈 없는 자의 그것은 괴롭기만 하다'고 말한다. 석노삼은 돈 있는 자들에게 물건을 팔 때는 한 푼도 깎아주지 않았지만, 곤궁한 이들을 보면 늘 조금이라도 그들을 돕고자 하였다. 밥 담을 사발이 없는 집안을 보면 그릇 몇 개를 건네주고, 입을 옷이 없는 처자를 만나면 울긋불긋한 천을 싹둑 끊어주곤 하는 식이었다. 그러다 보니 섣달 스무여드레가 되고 네 바리의 물건들을 모두 다 팔았지만 이윤을 남기기는커녕 본전도 채 건지지 못했다.

'이렇게 돌아가면 품삯도 받지 못할 텐데 무엇으로 설을 쇠야 할까? 후유, 마누라는 바가지를 긁어댈 테고 어린 자식들은 또 배고프다 보채대겠지?'

석노삼은 난감해하다가 이내 체념조가 되었다.

'지금 고민한다 한들 무슨 소용이 있으리. 돌아가고나 보자……'

이날 해질 무렵 석노삼은 텅 빈 궤짝을 나귀 등에 싣고 귀로에 올랐다. 한참을 걷고 또 걷다 보니 무너진 성벽 잔해가 길을 가로막았다. 이미 날이 어두워진 뒤라 길을 잃어버릴 것을 염려한 그는 그곳에서 하룻밤을 보낼 생각으로 나귀 등에서 궤짝을 풀어 내리고 나귀를 잘 매어놓은 다음 잔가지들을 주워다가 불을 피웠다. 담배 두 대를 태우고 잠을 자려고 막 몸을 눕히는데 갑자기 멀리서 닭 우는 소리가 들렸다.

'이 밤중에 그것도 주위에 마을도 점포도 하나 없는 이 허허벌판에 웬 닭 우는 소리일까?'

그는 의아스레 몸을 일으켜 앉았다. 조금 있으니 닭 우는 소리는 점점 가까워졌다. 자리에서 일어나 피워놓은 화톳불 빛에 비추어 주위를 둘러보았다. 저만치에서 한 떼의 닭들이 푸닥푸닥 구구구구 요란하게 홰를 치고 울어대며 달려오는 게 보였다. 황금빛의 깃털이 유난히 반짝거리는 금계였다.

'도대체 뉘 집 닭인데 오밤중에 이곳 사막으로 뛰쳐나온 것일까?'

그렇게 생각하며 그는 닭들을 붙잡을 요량으로 이리저리 뛰어다녔지만 좀처럼 잡을 수가 없었다. 그렇게 한참을 쫓다 보니 어느덧 한 낯선 마을에 다다르게 되었다. 거리 양편에 벌여 있는 점포의 진열대와 좌판 위에는 금은보화며 능라비단이며 각종 잡화용품들이 가득 진열되어 있는데 보기에도 현란하여 눈이 어지러울 정도였다. 그때까지 무리 지어 있던 금계들은 갑자기 사방으로 흩어져 여러 점포 안으로 뛰어 들어가더니 매 점포 앞의 계산대 위로 올라섰다.

거리는 사람 하나 없이 쥐 죽은 듯 고요했다. 석노삼은 물건들에 손 한번 대지 않고 마을을 한 바퀴 둘러본 뒤 막 되돌아가려는데 문득 자신을 부르는 소리가 들려왔다.

"노삼 아저씨, 노삼 아저씨, 이 금덩어리를 가져가 설을 쇠셔요!"

금은방 안의 금계가 외치는 소리였다.

'금계도 입을 열어 금덩이를 가져가라 하는데 그렇게 하지 뭐. 그렇잖아도 설 쇨 일이 막막하기만 한데.'

그렇게 생각하며 그는 금 두 덩어리를 가지고 나왔다. 그리고 비단포목점 앞을 지나는데 또 그곳에 서 있던 금계가 말을 했다.

"노삼 아저씨, 노삼 아저씨, 이 비단을 가져가서 설을 쇠셔요!"

너덕너덕 기운 옷을 입고 있는 늙은 부모와 아이들을 떠올리며 그는 다시 비단 한 필을 들고 나왔다. 그러자 각 점포 안의 금계들이 너도나도 앞다퉈 그의 이름을 불러대며 점포 안의 물건들을 가져가라 꾸꾸거렸다.

"여러분들의 호의는 고맙지만 이것만으로도 설을 쇠기에는 충분하네!"

금계들에게 고마움을 표한 뒤, 정신 못 차리게 자신의 이름을 불러대는 금계들을 뒤로하고 그는 더 이상 어떤 물건에도 손댐 없이 황망히 그곳을 벗어나 돈황성으로 돌아왔다.

송 주인은 석노삼이 금덩이를 벌어온 것을 보고 희색이 만면해졌다. 그리고는 무슨 생각에서인지 여러 가지 요리를 만들고 술도 한 동이 데워서 그를 한 차례 걸게 대접했다. 술기운에 석노삼이 거나하게 취할 무렵 송 주인이 히죽거리며 슬며시 음흉한 속셈을 드러내었다.

"여보게, 이번에 자네가 가지고 간 네 바리 물건들은 나귀까지 다 쳐도 금반 덩어리 값도 안 되네. 자네가 이번에 벌어들인 돈이 적진 않네만 그 금덩이가 어디서 난 것인지 사실대로 밝혀야 할 거네. 혹시라도 성가신 일이 생기지 않을까 싶어서네."

천성이 순수하고 착한 석노삼은 기꺼이 섣달 스무여드렛날 저녁 수창고성에서 겪은 일을 하나하나 빠짐없이 들려주었다. 석노삼의 기이한 경험담을 듣고 난 송 주인은 두 눈이 실 구멍이 되도록 능글맞게 웃으며 그에게 말했다.

"이 일은 자네와 나만 알고 있어야 하네. 절대 입 밖에 내지 말게나!"

그때부터 송 주인은 석노삼이 말한 섣달 스무여드렛날이 다가오기만을 손꼽아 기다렸다. 드디어 이듬해 그날이 되었다. 송 주인은 아들과 함께 나귀 열 마리를 끌고서 수창성의 무너진 성벽 아래에 이르렀다. 날이 저물자 화톳불을 지펴놓고서 금계가 나타나기만을 기다리고 또 기다렸다. 자정이 되자 과연 닭 우는 소리가 들려왔고, 그 소리를 따라가보니 아니나 다를까 정말 한 떼의 금계가 옹기종기 모여 있었다. 황급히 아들을 불러 나귀를 끌고 오게 한 다음 금계의 뒤를 따라 한 마을로 들어섰다. 석노삼이 말한 대로의 마을이었다. 벌어진 입을 다물 줄 모르며 송 주인은 금계가 입을 여는 것도 기다리지 않고 당장 아들과 함께 나귀 등에 금은이며 진주며 마뇌며 갖은 보화들을 주워담기 시작했다. 아들의 굼뜬 동작에 연신 핀잔을 주어가며 그렇게 정신없이 주워 담던 그는 동쪽 하늘 위로 샛별이 떠오르고 열 마리의 나귀 등이 쌓아올린 꾸러미로 불룩해진 뒤에야 그 마을을 나섰다.

돌아오는 길에 송씨 부자는 무게를 이겨내지 못해 풀풀거리는 나귀를 채찍질과 몽둥이질로 내몰며, 머릿속으로 이 많은 보물을 어떻게 쓸까, 즐거운 상상을 하였다.

'관작이나 사들여 출세나 한번 해볼까'

'삼대三代가 써도 다 쓸 수 없을 만큼 많은 재물이다. 우선 처첩 몇 명 얻고 하녀도 얼마 사들여야겠다.'

아비와 자식이 이런 달콤한 상상에 빠져 있는데, 나귀는 딸랑딸랑 가슴에 걸린 방울소리를 내며 점점 빨리 달리기 시작했다. 급히 그 뒤를 따르던 송 주인은 문득 이상한 생각이 들었다.

'가면 갈수록 금은보화가 무겁게 느껴져야 할 터인데 어떻게 나귀는 걸음이 갈수록 빨라지는 걸까?'

급히 큰 소리를 질러 나귀를 세우고 짐꾸러미를 풀어 안을 들여다보았다. 순간 송 주인은 눈앞이 깜깜해지고 두 다리에 힘이 쭉 빠지면서 모래 위에 그대로 풀썩 주저앉고 말았다. 그런 아비의 모습을 보고 이상히 여긴 아들 역시 안을 들여다보고는 가슴이 털썩 내려앉았다. 그 안에는 저들 손으로 분명히 주워 담았던 금은보화는 온데간데없이 사라지고 무너진 수창성의 벽돌이며 기와조각이며 사금파리들만 가득 들어 있었던 것이다.

석노삼이 가지고 온 것은 금덩어리였는데, 송 주인은 어찌하여 부서진 벽돌 조각이며 기와조각들만 가져온 것일까? 그 이유는 수창성의 금계가 가장 잘 알고 있으리라.

앞서의 「오리처녀가 저수지를 만들다」 고사와 마찬가지로 '선한 자는 복을 받고 악한 자는 화를 입는다'는 생활 규법에 충실한 전설이다.

수창성은 서한부터 송대에 이르기까지 1천여 년 동안 서북 변방을 지키는 주요 성곽으로 기능하였다. 오늘날에는 성곽의 잔허만이 모래더미 속에서 군데군데 그 모습을 드러내고 있을 뿐이다. 이 잔허 속에서는 도기 조각이나 동전, 화살촉 등이 발견되었는데 특이할 만한 것은 흰색과 검정색의 작은 바둑알들이 대량으로 발견되었다는 점이다. 당대唐代에 돈황은 매년 일정 수량의 바둑알을 조정에 진상하였다는 기록이 『돈황유서(지지地志)』에 보이는데, 이 수창현이 바로 바둑알을 가공하는 곳이었다. 천마의 고향으로 이름난 '악와지(즉 수창해)'는 수창성 남쪽 5킬로미터 지점에 있다.

기러기의 말을 따라 관문에 옥을 새겨 넣다 – 옥문관玉門關

옥문관

돈황에서 서북쪽으로 80킬로미터 떨어진 사막 한복판 붕긋 솟은 모래자갈 언덕 위에 관문 하나가 우뚝 서 있다. 바로 옥문관이다. 축조 당시 이 관은 소방반성小方盤城이라 불리다가 후에 옥문관이라 고쳐 부르게 된 것인데, 이렇게 이름을 고쳐 부르게 된 데는 다음과 같은 이야기가 그 계기라고 전해온다.

소방반성 서쪽에는 서역에서 출발한 대상隊商들이 소방반성에 들어서기 전에 반드시 지나야만 하는 '마미토馬迷兎'라는 지대가 있다. 울창한 숲이 하늘을 가리고 우불구불한 하천이 휘돌아 흐르며 이름 모를 잡초들이 무성하게 자라고 있는 이곳은 대상들이 들어서기 무척 꺼려하는 곳이었다. 시야를 가리는 숲과 엇비슷한 주위 지형으로 자칫하면 방향감각을 상실하여 길을 잃어버리기 일쑤였기 때문이었다. 게다가 만일 해가 저문 밤에라도 이곳을 지나게 된다면 제 아무리 노련한 마부, 낙타몰이꾼일지라도 십중팔구는 길을 잃고 말았다.

일 년 내내 이 길을 분주히 오가며 오로지 옥과 비단만을 매매하는 대상이 있었다. 한번은 이 대상이 마미토에서 길을 잃었다. 당시 무리 중에 왜소한 체격에다 마음씨가 착한 '파랑자巴郎子'라는 젊은 회골回鶻인이 있었다. 길을 찾아 헤매던 그는 어찌어찌 하여 짝 잃고 날아가는 외기러기를 사로잡았다. 배도 고프던 참에 삶아먹을 요량으로 막 칼을 대려는데 문득 이 기러기가 눈물을 뚝뚝 흘리며 구구구구 무어라 말을 하는 것이었다. 자세히 들어보니 이런 말이었다.

"구구구구, 저를 죽이지 마세요. 구구구구, 제가 길을 알려드릴게요!"

그 말을 듣고 파랑자는 들고 있던 칼을 내던지며 기러기에게 고개를 끄덕여 보였다. 그러자 기러기는 몇 차례 꾸룩꾸룩 울더니 앞장서서 길을 안내하였고, 이리하여 그들 무리는 마미토에서 벗어나 소방반성에 무사히 도착할 수 있었다.

어느 날 이 대상이 마미토에서 또다시 길을 잃었다. 그러자 그 기러기가 어디선가 날아오더니 무어라 말을 하였다.

"구구구구, 길 잃은 대상이여, 구구구구, 소방반성에 옥을 새겨 넣어요."

기러기는 이렇게 울어대며 그들에게 길을 안내하였다. 그러나 기러기의 말을 파랑자 외에는 아무도 알아듣지 못했다. 소방반성에 도착하자 파랑자가 대상의 우두머리에게 물었다.

"기러기가 한 말, 들으셨겠지요?"

"말이라니? 시끄럽게 끼룩거리기만 하던 걸."

"저는 그 기러기가 한 말을 알아들은 걸요."

"그것이 대체 무슨 말을 했었느냐?"

"'길 잃은 대상이여, 소방반성에 옥을 새겨 넣어요' 라고 하던 걸요."

"그게 무슨 소린가?"

"소방반성 누각에다 옥을 한 알 새겨 넣으면 이정표로 삼을 수 있으니, 다음 번에는 길을 잃지 않을 거란 말입니다."

"좋다, 그렇게 한번 해보자."

"그런데 보통 옥으로는 안 되고 반드시 어두운 데서도 빛을 내는 야광주夜光珠여야만 합니다."

"그건 좀……."

은 수천 냥의 값어치를 지닌 야광옥인지라 우두머리는 머뭇머뭇하다가 손을 휘휘 내저으며 말했다.

"그만두자. 가지고 온 야광옥도 그리 많지 않다."

그리하여 대상은 소방반성에 옥을 새겨 넣지 않고 그냥 지나쳤다.

그런데 이게 무슨 악연인가. 다음 번 여행길에서 이 대상은 마미토에 이르자 또다시 길을 잃어버리고 말았다. 연속 수일 동안 물을 찾지 못하여 낙타조차도 목이 타 헐떡거리며 거친 숨을 내쉬는 판이니 사람들의 고통은 두말할 나위도 없었다. 입술이 갈라 터져 피 응어리가 내려앉고 걸음조차 내딛을 수 없었다. 그때 그 기러기가 또 날아오더니 꾸룩꾸룩 울어대기 시작했다. 대상의 우두머리가 급히 파랑자를 불러 물었다.

"저 기러기가 또 뭐라고 하는 게냐?"

"지난날에 하던 그 소리입니다. '길 잃은 대상이여, 소방반성에 옥을 새겨 넣어요' 하는 걸요. 그런데 거기에 한마디를 덧붙여 '옥을 아까워하면 길을 안내하지 않겠다'고 합니다. 못 믿겠으면 직접 한번 자세히 들어보십시오."

우두머리가 그의 말대로 귀를 기울여보니 과연 그러했다. 다급해진 그가 파랑자에게 물었다.

"이를 어찌하면 좋겠나? 좋은 생각 있으면 어서 말해보게."

"속히 저 기러기에게 말한 대로 반드시 이행하겠다고 약속하십시오."

목숨이 걸린 일이라 우두머리는 급한 대로 땅바닥에 넙죽 엎드리며 기러기에게 세 차례 큰절을 올린 뒤 그대로 따를 것임을 맹세하였다. 그러자 기러기가 창공으로 날아올라 길을 인도하니 대상은 다시 한 번 미로에서 빠져나올 수 있었다.

소방반성에 도착한 대상의 우두머리는 더 이상 재물을 아까워하지 않았다. 가장 크고 좋은 야광옥을 골라 성곽의 누각 꼭대기에 박아 넣었다. 그리하니 밤이면 그 옥에서 찬란한 빛이 뿜어져 나와 사방 백 리가 밝은 달밤처럼 훤했다. 이로써 그곳을 지나는 대상은 다시는 길을 잃는 일이 없게 되었다. 이때부터 소방반성은 옥문관이라 고쳐 불렸다.

옥문관이라는 이름은 서역의 우전于闐(현재의 호탄) 등지의 미옥美玉이 이곳을 거쳐 중원으로 흘러들었다 하여 붙여진 이름이다.

마미토馬迷兔라는 곳은 옥문관 서쪽에 실제 존재한다. 원명은 '말이 길을 잃어버리다'라는 뜻의 '마미도馬迷途'이다. 해를 가릴 정도의 울창한 나무숲과 여기저기 산재한 소택지, 구불구불 종횡으로 흐르는 개울, 무성한 잡초 등으로 인해 자주 이곳을 오가는 말조차도 이곳에 들어서면 정신이 어지러워 길을 잃어버리고 만다 하여 붙여진 이름이다.

소방반성을 옥문관이라 부르게 된, 이와 유사한 전설이 하나 더 있다.

서역 우전의 옥이 중원으로 대량 운송되는 도중에 이상하게도 소방반성에만 들어서면 옥을 실은 낙타가 입에 하얀 게거품을 뿜어내며 일어서지 못하는 것이었다. 어느 해 우전의 옥을 실어오는 일을 책임 맡은 조정의 관원 역시 이곳에서 똑같은 처지에 처하고 말았다. 도착 기일이 촉박해진 관원은 어찌할 바를 몰랐다. 이때 한 낙타몰이꾼 노인이 다가와 그러는 것이었다.

"이는 옥이 훼방을 놓고 있는 것입니다."

"옥이 훼방을 놓다니 대체 그게 무슨 소린가?"

관원이 이해할 수 없다는 표정으로 물었다.

"옥이 고향 땅을 떠나 이역만리 이곳까지 오게 되었으니 마땅히 옥을 위해 기도를 올려야 할 것입니다. 그렇지 않으면 앞으로도 계속 훼방을 놓게 될 것입니다."

"어떻게 기도를 한단 말이냐?"

관원이 다급히 물었다.

"우전의 옥을 소방반성 성문 위에다 새겨놓으십시오. 그러면 낙타에 실려온 옥은 성문 위의 옥 광채를 보고 여전히 자신이 고향 땅에 있는 것으로 생각하게 되어 훼방을 놓지 않을 것입니다."

믿기지 않는 얘기였으나 달리 방도가 없던 관원은 노인의 말대로 소방반성 누각 위에다 광택이 좋은 우전의 옥을 새겨 넣게 되었다. 그 후 과연 낙타는 아무런 병증 없이 소방반성을 지날 수 있게 되었다고 한다.

소방반성이 옥문관임이 밝혀진 것은 사실 그리 오래된 일이 아니다. 1907년 영국의 스타인에 의해 소방반성 북쪽 82미터 떨어진 봉화대에서 "주천옥문도위酒泉玉門都尉"라 적힌 한대의 목간木簡이 발견됨으로써 소방반성이 곧 한의 옥문관임을 알게 되었다. 그러니 이 전설은 그 후에 생겨난 셈이다.

오늘날 남아 있는 옥문관은 흔적도 없이 사라져버린 양관과는 달리, 2천 년이라는 기나긴 세월을 지나온 관문답지 않게 거의 완벽한 형태를 유지하고 있다. 그렇긴 하나 관문 위에는 이 전설에서 말하고 있는 야광주 같은 것은 남아 있지 않다.

옥문관은 돈황에서 서북쪽으로 80킬로미터 떨어진 곳에 있다. 그런데 오늘날의 지도를 보다 보면 돈황에서 동쪽으로 300여 킬로미터 떨어진 곳에 옥문진玉門鎭이라는 곳이 눈에 띈다. '옥문'이라는 이름 때문에 옥문관이 이곳에 있는 것으로 생각하기 쉬운데 사실은 그렇지 않다. 그렇다면 있지도 않은 이곳에 왜 '옥문'이란 이름이 붙여졌을까? 현대까지만 해도 옥문관은 돈황 서북쪽에 있었는데 차츰 이곳을 지나 서역으로 통하는 길이 자연환경의 악화로 인해 쇠락의 길로 접어들게 되자 이 길을 대신하여 안서安西에서 이오伊吾에 이르는 새로운 노선이 각광을 받게 된다. 이리하여 늦어도 당초唐初 무렵에 옥문관이 오늘날의 옥문진 부근으로 이동하게 된 것이다. 옥문진이란 지명은 그리하여 생겨난 것이다. 그러나 새로 옮긴 옥문관은 오늘날 남아 있지 않다. 다시 말하여 오늘날의 옥문진에는 당대의 옥문관이 있었던 것이다.

그리하여 서로 다른 두 곳의 옥문관을 구분지어, 돈황 서북쪽에 현존하는 옥문관은 한대漢代 옥문관, 옥문진 경내에 있었던, 지금은 사라지고 없는 옥문관은 당대唐代 옥문관이라고 말한다.

옥문관 하면 중국 사람들이 으레 떠올리는 시구가 있다. 바로 당대 왕지환王之渙의 「양주사涼州詞」라는 시다. 옥문관이 위치한 변새의 웅장하고 적막한 풍광 및 변방을 지키는 병사들의 처량하고 비장한 정서를 잘 묘사하고 있다.

황하는 저 멀리 흰 구름 사이에 흐르고
외로운 성 밖은 만 길의 고산高山이로다
강적羌笛을 부는 이는 어이하여 버들이 푸르지 않음을 탓하는가
옥문관 너머로는 봄바람이 불어온 법이 없거늘

黃河遠上白雲間　　　一片孤城萬仞山

羌笛何須怨楊柳　　　春風不度玉門關

　후반의 두 구가 특히 유명하다. 옥문관 너머로는 봄바람조차 와 닿지 않으니 버
드나무의 새순이 돋아나길 기대하지 말라는 것이다. 오늘날의 옥문관에 가서 이
시를 읊조리며 감상에 젖어보는 것도 좋을 것이나 이것만은 알고 읊어도 읊어야
할 것이다. 왕지환이 노래했던 옥문관은 오늘날의 옥문관이 아닌 당대의 옥문관,
즉 지금은 사라지고 없는 옥문진 일대의 옥문관이란 사실을.

진흙으로 만든 향로가 하룻밤 새에 자라 높은 언덕이 되다

- 향로돈香爐墩

돈황 시내를 벗어나 옥문관 방향의 옛 역로驛路를 따라가다 보면 염기성의 대천하大泉河를 지나게 되고, 다시 거기서 좀더 가다 보면 윗부분은 넓고 아랫부분은 좁은, 향로 형상의 흙더미가 길가에 불쑥 솟아나 있는 것을 볼 수 있다. 한 줄기 맑은 하천이 이 흙더미 옆을 흐르고 있어 길 가는 나그네가 잠시 피곤한 다리를 쉬어가곤 하는 이곳은 '향로돈香爐墩' 이라는 토산이다.

이 토산에는 천축으로 불경을 구하러 가는 한 당나라 승려에 관한 이야기가 전해 내려오고 있다. 당 정관貞觀 연간 장안에 진현장陳玄奘이라 불리는 젊은 승려가 있었는데, 그는 깊이 있는 불법佛法 연구를 위해 천축국에 가서 불경을 취합해 오겠다는 커다란 서원을 세웠다. 그러나

현장 초상화

당시 옥문관 너머의 변방은 불안정한 정세하에 있었기에 서역으로의 여행을 허가받을 수 없었던 그는 할 수 없이 아무도 몰래 혈혈단신으로 장안을 떠나 수없이 많은 산과 강을 건너 가까스로 돈황에 이르렀다.

그러나 돈황에는 그가 그곳에 이르기도 훨씬 전에 이미 장안으로부터 그를 절대 옥문관 밖으로 내보내지 말 것이며 그를 붙잡는 즉시 장안으로 압송하라는 공문이 날아들었다. 그러나 그 어떤 조치도 반석처럼 확고한 그의 취경取經에의 결심을 제지할 수 없었다.

돈황에 도착한 현장은 혹시나 하는 불안감에 성 안으로 들어가지 않고 성 외곽의 보은사에서 수일 묵으며 여행 중에 필요한 음식과 물건들을 준비하였다. 그러나 험한 여정이 될 것임을 잘 알고 있던 이 사찰의 주지는 그가 살아 돌아오지 못할 것을 염려하여 그의 출발을 극력 만류하였다. 조급해진 현장은 어느 날 야심한 시각을 틈타 짐 꾸러미를 실은 늙은 백마를 끌고서 아무도 모르게 사찰을 빠져나와 옥문관을 바라고 길을 떠났다.

길을 안내하는 이도 없었기에 현장은 가축의 분뇨며 말발굽 자국을 표적 삼아 서쪽으로 가는 길을 겨우겨우 식별해내었다. 그렇게 사람들의 눈을 피해가며 에돌아 걷기를 이틀 하여 겨우 대천하에 다다라 말먹이도 먹이고 자신도 잠시 쉬고 있을 무렵이었다. 문득 저 멀리 동쪽 지평선에서 부연 흙먼지를 날리며 여러 명의 말 탄 관병들이 달려오고 있는 게 보였다.

'나를 잡으러 오는 게 아닐까? 그렇든 그렇지 않든 우선 몸을 숨겨 있을지 모르는 귀찮은 일이나 피하고 보자.'

그런 생각에 현장은 잽싸게 말에 올라타 북쪽에 있는 숲속으로 뛰어 들어갔다.

그런데 그 숲은 낮에는 황양黃¥이 출몰하고 밤에는 늑대가 울부짖는, 호양나무며 버드나무며 갈대들과 같은 초목들이 무성한 곳이었다. 관병들의 눈을 피해 주변을 살필 겨를도 없이 황급히 숨어 들어간 탓에 현장은 관병의 추격을 벗어날 수는 있었지만 뜻밖에도 그만 길을 잃어버리고 말았다. 이리저리 여러 날 동안 숲속을 헤매었지만 도무지 길을 찾아낼 수가 없었다.

그러던 어느 날 저녁 무렵 안절부절못하는 와중에 문득 한 생각이 그의 머리를 스쳐갔다.

'지금 이 곤경에 처한 것은 어쩌면 부처님께 향을 사르지 않아서일지 모른다.'

이에 물가에서 축축한 진흙을 파다가 향로를 빚은 다음 그 위에 갈대로 대신한 향을 꽂아 사르기 시작했다. 그리고 세 번 무릎을 꿇고 아홉 번 절을 하고서 중얼중얼 한 차례 독경을 한 다음, 향로 옆에서 말안장을 베개 삼아 잠이 들었다.

다음 날 새벽 한참 단잠에 빠져 있던 현장은 백마의 울부짖는 소리에 퍼뜩 잠에서 깨었다. 튀어 오르듯 자리에서 일어나 주위를 둘러보던 그는 깜짝 놀라지 않을 수 없었다. 어제만 해도 분명 없었던 제법 높직한 토산 위에 자신이 서 있었던 것이다. 주위의 숲이며 호수며 사막이 한눈에 들어올 뿐더러 멀리 북쪽의 만리장성과 봉화대조차도 또렷이 보일 만큼 사방이 탁 트인 토산이었다. 잃어버린 방향감각을 되찾은 것은 두말할 필요도 없었다. 토산에서 내려온 그는 그제야 어제 진흙으로 빚어 만든 향로가 하룻밤 사이에 그렇게 높고 크게 자란 사실을 알았다. 그는 급히 토산을 향해 세 차례 절을 올린 다음 붉은 점토덩이로 토산 위에다 '향로돈香爐墩'이라 큼지막하게 적어놓았다. 그런 다음 말등에 안장을 얹고 짐꾸러미를 실으며 길 떠날 차비를 하였다.

그때였다. 돌연 숲속에서 한 떼의 병사들이 튀어나와 그런 현장을 에워쌌다.

"동쪽에서 오신 현장 스님이십니까?"

무리의 우두머리인 듯한 자가 물었다.

"그렇습니다만……."

현장이 걱정스레 대답했다.

"속히 같이 가주셔야겠습니다."

"어디로 말이오?"

"사주성沙州城입니다."

"죽어 귀신이 될지언정 절대 돌아가지 않겠소이다."

"오해 마십시오."

장수가 얼굴에 미소를 지으며 말을 이었다.

"저는 스님을 붙잡으러 온 게 아니라 도독都督의 명령을 받들어 스님을 모셔가려는 것입니다."

"뭣 때문에 나를 데려가려는 게요?"

현장이 의아스레 물었다.

"설법을 부탁드리려는 것입니다. 어서 말에 타시지요. 자세한 건 가면서 알려드리지요."

어쩔 수 없이 현장은 관병들과 함께 사주성으로 돌아갔다.

그런데 대체 이 도독이란 자는 누구며 그 관병들은 또 밤새 어디 있다가 이튿날 갑작스레 그 앞에 나타난 것일까?

부처의 가호 덕분인지, 당시 사주성의 도독은 독실한 불교도 집안 출신으로 깊이 불교를 신앙하고 있었다. 성명을 숨기는 당승(당나라 승려라는 뜻)이 보은사에 머문다는 소식을 들은 그는 즉시 당승을 모셔오라는 영과 함께 수하 병사들을 보은사로 보냈다. 그러나 병사들이 그곳에 도착하였을 때는 이미 당승이 그곳을 떠난 뒤였고, 이에 병사들은 서둘러 그 뒤를 쫓아온 것이었다. 그날 현장을 놀래켜 숲속으로 달아나게 만든 그 추격병들은 바로 도독이 보낸 병사들이었다.

관병들은 현장이 숲속으로 몸을 숨겨 달아나는 것을 보고 그가 숲에서 헤어나오지 못할 것을 염려하여 부근의 봉화대에 머물며 일대를 주시하고 있었다. 다음날 새벽 저 멀리 커다란 흙더미 위에 승려 하나가 서 있는 것을 발견하고 즉각 말을 몰아 마침내 현장을 찾을 수 있었던 것이다.

사주성으로 돌아온 현장은 도독을 위하여 보름 동안 불경을 강설한 뒤에야 옥문관을 나서 서쪽으로의 여정을 계속할 수 있었다.

이 일로 인해 이곳에 향로돈이 생겨났다. 옆에는 맑은 하천이 있어 길 가는 행인들은 이곳에서 피곤한 다리를 쉬어갈 수 있었다. 후에 이곳은 봉화대로 사용되기도 하였다. 세월이 흘러 바람에 깎이고 햇빛에 쬐이고 빗물에 씻기어 현장이 적어놓은 '향로돈'이라는 세 글자는 흔적도 없이 사라졌다. 게다가 토산 자체도 비바람에 쓸려나가 그 모습이 완전하지 못하게 되었다.

'향로돈'이라는 지역은 이 전설에서 말한 대로 돈황시 서북쪽 옥문관 가는 도중에 실제로 존재한다. 그러나 '향로처럼 생긴 돈대墩臺'라는 뜻으로 붙여진 이름일 뿐, 이곳은 역사적 사실에 비춰보건대 당대唐代의 현장과는 사실 아무런 연관도 없어 보인다.

현장의 행적을 담은 『대자은사삼장법사전大慈恩寺三藏法師傳』에 적힌 대로 그는 분명 옥문관을 거쳐 인도로 구도 여행길에 나섰다. 그러나 현장이 지났다는 옥문관은 돈황 서쪽에 남아 있는 이 옥문관이 아니라 지금은 사라지고 없는 안서현安西縣 일대의 옥문관이었다. 당대에 앞서 이미 위진남북조대에 옥문관은 돈황 서쪽에서 돈황 동쪽의 과주瓜州(현재의 안서)로 옮겨졌던 것이다. 현장은 그 옥문관을 거쳐 이오伊吾를 지나 고창국高昌國(현재의 투르판)에 들어섰으니, 결국 현장은 돈황 서쪽에 위치한 향로돈은 지나지도 않은 셈이다. 한대와 당대의 옥문관이 다른 곳에 있었다는 사실은 무시한 채, 현장이 지났다는 옥문관이라는 관명關名만을 염두에 둠으로써 생겨난 전설이다.

그러나 이 전설의 다른 화소話素들은 제법 역사적 사실에 부합하고 있다. 현장이 인도로 구도 여행길에 오르기를 결심할 즈음은 당 태종 이세민李世民(598?~649)

이 제위(626~649)에 오른 지 얼마 되지 않아 아직 정국이 불안정한 시기인데다가 옥문관 너머의 서역 제국은 아직 당나라의 지배하에 있지 않을 때였다. [후에 고창국高昌國(640)과 구자국龜玆國(648)이 당 태종에게 멸망함으로써 서역은 당에 귀속된다.] 그리하여 현장의 거듭된 출관 요청을 조정은 번번이 묵살하였던 것이다.

결국 현장은 몰래 장안을 벗어나 서천행에 올랐고, 뒤늦게 이 사실을 안 조정은 그를 체포하여 장안으로 압송하라는 엄한 전령을 내린다. 현장이 옥문관이 있는 과주에 도착했을 무렵 그곳에는 이미 그러한 공문이 하달된 상태였다. 그러나 독실한 불교도였던 과주 자사刺史 독고달獨孤達의 도움으로 현장은 옥문관을 무사히 벗어나게 된다. 전설에서는 과주 자사가 아닌 사주 도독의 도움을 받고 있지만 한 지역 집정관이 현장의 출관出關을 돕고 있다는 점에서는 똑같다.

그렇게 어렵게 옥문관을 나선 현장은 인도를 포함한 서역 제국을 순례 유력하고 17년 후 돈황의 양관을 통하여 장안으로 돌아온다. 그리고 여행기로서 『대당서역기大唐西域記』를 저술하고 수많은 불경을 번역하여 구마라집과 함께 중국 2대 역경가로 손꼽히게 된다.

인도로 구법을 떠난 구도승과 관련하여 한 가

유림굴榆林窟 제3굴 현장법사취경도. 손오공의 원형인 듯한 원숭이의 모습도 보인다. 서하西夏 시대의 것으로, 소설 『서유기』보다 3백년 앞선다.

지 재밌는 점이 있다. 인도로 구법의 길에 올랐던 고대의 승려들 가운데 후세에 여행기를 남긴 이로는 현장玄奘(602~664) 외에도 『불국기佛國記』의 법현法顯 (337~422), 『남해기귀내법전南海寄歸內法傳』의 의정義淨(653~713), 『왕오천축국전往 五天竺國傳』의 혜초慧超(704~787) 등을 꼽을 수 있는데, 이들이 택한 왕로往路와 귀 로歸路가 마치 사전에 약속이라도 한 것처럼 서로 차별된다는 사실이다. 현장은 육 로로 갔다가 육로로 돌아왔고, 법현은 육로에서 해로로, 의정은 해로에서 해로로, 혜초는 해로로 갔다가 육로로 돌아왔던 것이다. 우연치고는 참으로 기막힌 우연이 아닐 수 없다.

누에와 뽕나무가 관關을 나서다 - 양잠직견기술의 전파

옛날 꽃구름처럼 화려하고 흐르는 물처럼 부드러운 중원 지역의 비단은 대상의 낙타와 말 등에 실려 돈황의 양관과 옥문관을 나서 서역 각지로 끊임없이 실려 나갔다. 그러나 그 길이 멀고 험하여 운송이 힘든 까닭에 서역에서의 비단은 그야말로 금값이었다. 그럼에도 불구하고 일부 왕공 대신들은 이 아름다운 비단을 몸에 걸치기 위해 가격의 높고 낮음은 따지지 않고 마구잡이로 그것들을 사들였다. 당시 서역 땅에 우전국于闐國이라는 나라가 있었다. 맑고 투명한 미옥美玉의 산지로 유명한 곳이었는데, 이곳 사람들 역시 비단옷을 무척이나 좋아하여 너도나도 옥으로 비단을 바꾸곤 하였다. 그러는 사이 나라 안의 미옥은 차츰 줄어들어만 갔고, 그대로 방치했다가는 얼마 못 가 나라가 빈궁에 빠질 것이 뻔했다. 이를 근심한 우전왕은 밥을 먹지도 못하고 잠도 제대로 잘 수가 없어 하루하루 야위어가고 눈동자도 빛을 잃어갔다.

이 나라 신하 중에 위지목尉遲木이라는 사람이 있었는데, 그는 국왕의 근심을 잘 알고 있었다. 어느 날 그가 국왕에게 아뢰었다.

"대왕께서는 너무 심려치 마십시오. 저는 비단을 만들어내는 방법을 상인들로부터 들어 잘 알고 있습니다. 그러니 중원에서 뽕나무 씨와 누에 알을 가져오고, 또 뽕나무를 재배하고 누에를 기르고 비단을 짤 사람 몇만 데려오면 저희도 비단을 생산해낼 수 있습니다."

우전왕은 수심에 찬 얼굴로 대답했다.

"과인도 그런 생각을 안 해본 것은 아니오. 실제로 과인은 일찍이 동으로 가는 상인에게 뽕나무 씨와 누에알을 몰래 가지고 올 것을 비밀리에 지시한 적도 있었소. 허나 관關에서의 짐 수색이 하도 엄하여 도무지 가지고 나올 방도가 없다는 대답뿐이었소."

"신이 듣기에 오손왕烏孫王은 한漢의 공주를 처로 맞아들이면서 공주더러 누에와 뽕나무 씨앗을 몰래 가지고 오도록 했다 합니다. 대왕께서는 어찌 한나라 천자에게 공주와의 혼인을 청하지 않으십니까? 공주와의 혼인이 성사만 된다면 공주를 시켜 누에와 뽕나무 씨앗을 우리나라로 들여올 수 있을 것입니다."

그 말에 얼굴이 환해진 우전왕은 즉시 후한 예물과 함께과 함께 위지목을 장안으로 보내 공주와의 혼사를 주선하도록 하였다.

때마침 한 천자는 서역 제국과의 혼인 동맹을 원하고 있었기에 혼담은 즉각 수락되었을 뿐 아니라, 우전왕에게 시집보낼 공주의 간택이 이루어지고 우전국으로 공주를 떠나보낼 길일까지 서둘러 잡혔다.

혼사가 그쯤까지 진행되자 위지목은 공주를 알현하고 슬며시 마음속 얘기를 꺼냈다.

"존귀하신 공주시여, 이번에 우전국에 가시면 공주님은 일국의 왕후이자 국모로서 나라 백성들을 행복하게 해주셔야 할 것입니다. 우전국은 본디 아름다운 옥은 생산되나 비단이 나지 않아 나라 재정이 비단 수입에 허덕이고 있습니다. 만일 공주님께서 누에와 뽕나무 씨앗을 우전국으로 가져오실 수만 있다면 저희 우전의 백성들에게는 더할 나위 없는 홍복이 될 것입니다."

위지목의 간곡한 청을 듣고 난 공주가 난처한 얼굴로 말했다.

"백성들을 행복하게 하는 것은 좋은 일임에 틀림없으나 어명은 거역할 수 없습니다. 설령 가져가려 한다 해도 어떻게 그것들을 가지고서 옥문관을 벗어날 수 있겠습니까?"

"영명하신 공주시여, 국왕께서는 제게 거듭 부탁하셨습니다. 공주님께서 금은보화는 한 덩어리도 가져오지 않아도 되니 어떻게 해서라도 누에와 뽕나무 종자만은 꼭 가지고 올 수 있게 하라고 말입니다. 부디 안전한 계책을 궁리해내시어 국왕과 이 노신의 간절한 바람을 저버리지 마십시오!"

위지목이 무릎을 꿇고 간곡히 부탁하였다. 잠시 깊은 생각에 잠겨 있던 공주가 이윽고 입을 열었다.

"좋아요, 하지만 절대 이 일을 어느 누구에게도 알려서는 안 됩니다. 듣는 귀가 많다 보면 비밀은 새어나가게 마련이니까요. 제가 한번 방법을 궁리해서 이 일을 처리해보도록 하겠습니다."

며칠 후 공주는 서역으로 출발하였다. 위풍당당한 황실의 후행 대열이 딸랑딸랑 낙타 방울 소리를 내며 서역으로의 여로에 나섰다. 돈황에 도착한 그들은 그곳에서 보름 남짓 머물며 사막을 건널 채비를 한 다음 옥문관을 바라 길을 떠났다.

옥문관을 나서는 자들에 대한 이곳 수장들의 검문은 대단히 엄격하였는데 황실의 후행 대열인 그들도 예외는 아니었다. 황족의 호위부대와 시녀, 그리고 그들이 가지고 온 짐꾸러미들은 크고 작음을 막론하고 하나하나 세밀히 검사되었다. 심지어 위지목이 쓰고 있는 모자까지도 조사 대상이 되었다. 그런 다음에야 그들은 관을 나설 수 있었다.

관을 나서 걷다 얼마 후 위지목이 공주에게 정중히 물었다.

"존경하는 공주님, 그것들은 가지고 나오셨습니까?"

"물론이지요."

공주가 미소를 띠며 대답했다.

"정말입니까?"

위지목의 들뜬 목소리를 들으며 공주는 머리 위의 왕관을 벗고는 새까만 머리카락 속에서 누에알을 꺼내 보이며 말했다.

"왕공의 머리는 어느 누구도 함부로 만질 수 없는 법이지요."

"훌륭합니다. 정말 좋은 생각이십니다!"

위지목이 즐거워하며 공주의 영명함을 찬탄했다.

"그런데 뽕나무 종자는 어디에 감추셨는지요?"

"바로 여기지요."

공주는 시녀를 시켜 약초가 가득 담긴 상자 하나를 열어 보였다. 뽕나무 묘목이 약초로 쓰이고 있음을 알고 있던 공주가 다른 약초들 사이에 그것을 섞어놓음으로써 수장의 눈을 피할 수 있었던 것이다.

"정말 대단하십니다!"

엄지손가락을 치켜세우며 다시 한 번 공주의 총기에 감탄하던 위지목이 또다시 눈살을 살짝 찌푸리며 물었다.

"하온데 존경하는 공주님, 공주님께서는 시노侍奴(사내 종)라고는 하나도 뒤딸리지 않으셨는데 장인匠人들은 어디 있습니까?"

"노신께서는 안심하셔요. 장인들은 바로 시녀들 사이에 있습니다."

"예? 여자들도 누에를 치고 뽕을 재배하고 비단 짜는 일을 할 수 있습니까?"

"그런 일들은 본래 여자들이 하는 것이랍니다. 중원의 여자 치고 그런 일할 줄 모르는 사람은 없답니다. 공으로부터 (우전) 국왕의 뜻을 전해들은 이후저는 손재주가 뛰어난 여자 셋을 고르고 골라 시녀로 삼았지요. 그리고 그들셋을 모두 데리고 나왔답니다!"

공주의 말과 함께 그 세 명의 시녀들이 살짝 미소를 지어 보였다.

그제야 마음속의 불안이 걷힌 위지목은 길게 드리운 수염을 쓰다듬으며 호쾌하게 웃었다. 그리고 거듭 공주의 영명과 기지를 찬탄하며 오체투지로써 공주에 대한 공경과 감사의 뜻을 표했다. 그리고는 즉시 빠른 말로 우전왕에게이 사실을 보고하게 하여 공주를 영접할 성대한 연회를 준비하게 했다.

이리하여 누에를 치고 뽕나무를 재배하고 비단을 짜는 기술이 우전 땅에 전

호탄의 단단위릭에서 발견된 견종서점도絹種西漸圖 (목판화)

해졌고, 그 후 이 기술은 인도를 거쳐 유럽까지 전파되었다.

고려말 문익점이 원나라에 사신으로 갔다가 귀국할 때 목화씨를 붓대 속에 숨겨 가지고 돌아온 이야기를 떠올리게 한다.

비단은 원산지인 중국 국내에서 애용됨은 물론, 서역의 여러 소왕국 및 멀리 로마에까지 희귀한 진품으로 각광을 받았다. 비단을 독점 생산하고 있었던 중국은 이들 제국諸國으로의 비단 수출을 통하여 막대한 부를 축적하고 있었다. 뽕나무와 누에 그리고 비단의 제조 비법이 해외로 유출되는 것을 막으려 한 중국의 조치는 자국의 이익 보호라는 측면에서 당연했다. 그러나 언제까지나 비단 생산을 중국이 독점할 수는 없었고 결국은 서역으로 유출되고 마는데, 그 계기는 다름 아닌 중국 자신이 제공하는 격이 되고 말았다. 서역 오아시스의 여러 소왕국을 무력으로 다스리는 데 한계를 느낀 한의 황제는 수많은 후궁들로부터 얻은 공주들을 오아시스 왕국의 왕에게 시집보내 혈연을 맺는 유화 정책을 취하였는데, 양잠 기술은 그리로 시집간 한의 공주에 의해 유출되고 말았던 것이다.

지난 20세기 초 신강성 호탄(우전국의 수도)의 단단위릭Dandan Oylik에서 고대의 판화 하나가 발견되었다. 그림의 중앙에는 아름답게 치장한 공주가 있고, 공주 왼쪽에는 한 사람이 서 있는데 그 사람은, 비밀은 바로 여기에 있다는 듯 손가락으로 공주의 높이 솟은 머리카락을 가리키고 있다. 중국의 공주가 누에씨를 머리카락 속에 감추어 우전국에 전했다는 이 전설의 내용을 그림으로 보여주고 있어 무척 흥미롭다.

참고로, 중국의 비단은 전한시대(기원전 2세기~기원후 1세기)부터 이미 서역에 수출되었고, 양잠 직견 기술은 후한시대(1~3세기)에 우전국을 시발로 서역 일대의 여러 나라에 전파되었다. 이 전설에서는 우전에 앞서 오손국으로 먼저 양잠 기술이 전파되었다고 했는데 이는 사실과 다르다.

2천 년이 지난 지금도 호탄에서는 중국 공주가 가르쳐준 방식 그대로 고치를 가마솥에 삶아 물레로 실을 뽑고 덜거덕 덜거덕 나무 베틀로 비단을 짠다고 한다. 세계에서 유일한 수제手製 비단이 아닐까 싶다.

옥녀가 기련산의 설수雪水로 물길을 만들다 - 옥녀하玉女河

옛날에는 지금의 당하黨河를 '옥녀하玉女河'라 불렀는데 이는 옥녀선녀와 관련하여 생겨난 명칭이다. 또한 '틀어막을 수 없는 강'이란 의미로 '도하都河'라고도 불렀다.

옥녀선녀는 옥황상제의 딸이다. 그녀는 고집이 센데다 하늘나라의 엄한 계율을 자주 어겨가며 이리저리 놀러 다니기를 좋아하였다. 옥황상제는 그런 옥녀를 꾸짖기도 하고 좋은 말로 타이르기도 하였지만, 언제나 그때뿐이었고 뒤돌아서면 언제 그랬냐 싶게 본래의 모습으로 되돌아가 있었다. 급기야 그녀는 기련산 꼭대기의 얼음궁전에서 수신修身하라는 처분을 받게 되었고, 그녀는 마지못해 백마를 타고 기련산으로 내려가게 되었다.

옥녀

옥녀는 아름다운 외모를 지니고 있었다. 흑옥처럼 검으면서 반지르르 윤기 흐르는 머리카락, 샘물처럼 맑고 초롱초롱 빛나는 눈망울, 우유처럼 보드랍고

매끈매끈한 살결, 이런 타고난 미모에다 흰 구름으로 만든 치마저고리를 입고 양관의 옥으로 만든 장신구를 하고서 새하얀 백마를 타고 있으니, 옥녀는 말 그대로 옥처럼 맑고 티없는 아름답기 그지없는 선녀 바로 그 자체였다.

그녀는 자신에게 부여된, 봄에는 기련산의 눈과 얼음을 녹이고 겨울에는 다시 단단하게 얼음을 얼리는 일 외에는 자유롭게 이리저리 유람을 다녔는데 언제나 자신의 백마를 타고서였다. 그러는 사이 백마는 그녀와 떼어놓을 수 없는 벗이 되었다. 그러던 어느 해 봄이 한창인 어느 날 백마는 풀을 뜯어먹으러 나갔는데 사흘이 되어도 돌아오지 않았다. 초조해진 옥녀는 황급히 흰 구름을 타고서 백마를 찾아 나섰다. 여든한 개의 고개와 여든한 개의 골짜기를 샅샅이 뒤진 끝에, 마침내 어느 깎아지른 듯한 절벽 아래서 한 백발노인이 졸졸거리는 맑은 시냇가에서 백마를 씻기고 있는 모습을 발견했다. 추락하듯 아래로 내려가 경위를 물으니 백발노인은 그녀에게 자초지종을 알려주었다. 그날 백마는 부드럽고 연한 풀들로 배를 채우고 달콤한 샘물로 갈증을 풀고서 어느 커다란 나무 밑에서 스르르 잠이 들었다가 갑자기 나타난 커다란 곰에게 엉덩이를 물려 뚝뚝 피를 흘리게 되었는데, 때마침 그곳을 지나던 백발노인이 그 광경을 보고 화살을 쏘아 곰을 쫓고 백마를 구해냈다는 것이다. 그리고 노인은 피를 흘리는 백마를 집으로 데려가 갖은 약초로 정성껏 치료를 하여 상처를 아물게 하였다는 것이다.

"어르신이 아니었더라면 큰일 날 뻔했습니다."

옥녀가 가슴을 쓸어내리며 노인에게 거듭 감사해했다. 노인은 찬찬히 옥녀의 외모를 살피더니 물었다.

"기련산 위에 옥녀라는 선녀가 살고 있다던데 혹시 낭자가 아니신지?"

"소녀가 바로 그렇습니다. 산꼭대기의 얼음궁전에서 살고 있지요. 어르신, 어르신께서 저의 백마를 구해주신 데 대한 보답으로 어르신을 저의 얼음궁전으로 모시고 싶습니다. 그곳에는 금은보화며 진주마뇌가 가득하오니 얼마든지 가져가시어 여생을 편하게 사시지요. 더 이상 이처럼 산속에서 고생하지 마시구요."

옥녀의 그 같은 호의에 노인은 고개를 설레설레 저으며 말했다.

"이 늙은이에게 금은보화며 진주마뇌가 무슨 필요가 있겠습니까. 다만 낭자에게 바라는 것이 있다면 기련산의 설수雪水가 사람들의 농토를 촉촉이 적셔주도록 낭자가 애 좀 써주셨으면 좋겠소. 이곳 백성들은 물이 없어 일 년 내내 죽도록 고생만 한다오. 부디 늙은이의 이 부탁만큼은 꼭 들어주셨으면 하오."

말을 마치고서 연신 이마를 땅에 조아리며 절을 하였다. 노인의 선량한 마음씨에 깊이 감동된 옥녀는 노인을 부축해 일으켜 세우며 말했다.

"모두의 고통을 덜어주고자 하는 어르신의 마음은 잘 알았습니다만, 물을 함부로 쓸 수 없다는 옥황상제의 엄명이 내려진 탓에 그게 좀……."

"물이 없어 겪는 고통은 참으로 견디기 어렵습니다! 옥황상제로서, 그리고 선녀로서 어찌 인간들의 생사를 나 몰라라 하실 수 있습니까!"

노인이 격앙된 어조로 말하였다.

'백 번 옳은 말이다. 비록 상제의 금지령이라지만 백성들의 고통을 덜어주고자 어긴 경우라면 상제도 내게 벌을 내리시지는 않을 것이다. 게다가 물이 없어 겪고 있는 백성들의 고통을 내 이미 알았으면서 어찌 팔짱만 끼고 바라볼 수 있으리.'

잠시 생각에 잠겨 있던 옥녀가 이윽고 입을 열었다.

"좋아요, 물을 흘려보내 백성들의 고통을 덜어주도록 하겠습니다. 어르신, 아무 걱정 마시고 이 백마를 타고 댁으로 돌아가시지요. 그리고 동네 사람들에게 이 사실을 알려 수로를 파고 도랑을 고치게끔 하세요. 설수는 수로가 완성되는 즉시 흘려보낼 겁니다."

백발노인이 거듭거듭 감사를 드린 다음 백마를 타고 마을 사람들에게 그 소식을 전하러 떠나자 옥녀는 즉시 첩첩의 계곡과 골짜기에 있는 설수에 명령을 내려 사흘 이내로 북산 입구로 모이도록 하였다.

이 소식을 듣고 겁에 질린 한 산신이 황망히 옥녀에게 달려와 말렸다.

"옥녀낭자님, 옥황상제께서 일찍이 교지를 내려 말씀하시길, '기련산의 설수는 하늘나라의 성수聖水로서 인간세계에 쓰여서는 안 된다'고 하셨습니다. 그런데 이제 낭자께서 그 명령을 거역하려 하시니 그 죗값을 어떡하시려 그러십니까!"

"산신님은 아무 걱정 마세요. 모든 일은 제가 책임지겠습니다!"

옥녀가 스스로에게 다짐하듯 말하였다.

옥녀의 확고부동한 태도에 아무래도 안 되겠다 싶은 산신은 급히 하늘로 올라가 옥황상제에게 이 사실을 아뢰었다. 산신의 보고를 들은 옥황상제는 치미는 분노를 간신히 억누르며 산신에게 노란 모래 한 움큼과 푸른 돌 한 덩이를 내주며 즉시 돌아가서 수로를 막아버리라 하였다.

한편 옥녀의 소집령에 부응하여 북산 입구에 모인 설수는 강을 이룰 만큼 대단한 양이 되었다. 옥녀가 백마를 탄 채 앞에서 길을 잡으니 강물은 그 뒤를 따라 험준한 산언덕을 타고 흰 물보라를 일으키며 세차게 굽이쳐 북으로 흘렀다.

한편 옥황상제의 명을 받들어 급히 인간세계로 내려온 산신은 강물의 앞부분이 돈황에서 불과 1백여 리 거리까지 다가와 있음을 보고 서둘러 누런 모래를 휘익, 하고 흩뿌렸다. 그러자 그 자리에는 돌연 높이가 백 척에다 너비가 수십 리에 달하는 거대한 모래산(명사산을 말함)이 들어서 옥녀가 이끄는 강물의 앞길을 가로 막았다. 옥녀는 말을 휘몰아 모래산을 뚫고 지나갈까 하다가 마음을 바꿔먹었다.

'나는 저 모래산을 뚫고 지나갈 수 있다지만 설수는 그렇지 못하다. 그랬다가는 엄청난 양의 설수가 모래 속으로 스며들고 말 것이니 지금까지의 노력은 말짱 헛것이 되고 만다.' 그리하여 말머리를 돌려 서쪽으로 내달아 모래산을 빙 돌아 지나갔다. 오늘날의 당하黨河가 이 일대에서 동서로 흐르는 것은 이 때문이다.

말에 박차를 가하며 달리고 또 달려 모래산을 완전히 벗어난 옥녀는 다시 말머리를 돌려 북으로 방향을 틀었다. 이에 산신은 또다시 푸른 돌을 던져 푸른 바위산을 만들어냈다. 바위산이 또 앞길을 가로막자 옥녀는 잠시 멈칫했다.

'여기서 다시 서쪽으로 방향을 틀어 저 바위산을 우회하면 설수는 백성들이 살고 있는 돈황성을 통과하지 못하고 곧바로 양관 너머 사막 한가운데로 빠질 수밖에 없게 된다. 그렇다면 아무 소용도 없잖은가? 정면으로 뚫고 지나는 수밖에.'

마음을 정한 옥녀는 공중으로 훌쩍 치솟아 손에 든 채찍을 매섭게 휘두르니 쿵, 하는 굉음과 함께 푸른 바위산이 두 쪽으로 쩍 갈라졌다. 그리고 말을 몰아 협곡으로 변해버린 바위산을 그대로 통과해버리니 설수도 좔좔거리며 그 뒤를 따랐다. 그 엄청난 광경을 보고 산신은 겁에 질려 멀리 달아나버렸다.

옥녀가 푸른 바위산을 잘라버림으로써 생겨난 협곡은 오늘날의 당하구黨河口이다. 강물은 이곳에 이르러 갑자기 방향을 돌려 북쪽으로 흘러간다. 이 일대의 풍광은 대단히 아름다워 '당수북류黨水北流'라 하여 돈황팔경 중의 하나로 손꼽고 있다.

그 후 사람들은 물길을 터서 생명과 같은 물을 이끌어준 데 대한 고마움의 뜻으로 이 물길을 '옥녀하玉女河'라고 이름 붙였다. 또 명사산이나 푸른 바위산도 이 물길을 막아내지 못했다 하여 '도하都河'라고도 부른다.

기련산에서 발원하는 당하黨河는 돈황사람들의 생

명줄이다. 옥녀하玉女河, 도하都河, 감천수甘泉水 등 여러 이름들로 불렸는데 오늘날에는 당하라는 이름으로만 불리고 있다. '당하'라는 이름은 원대元代 때부터 사용되었는데, 당시 돈황을 다스리던 '당금홍대길黨金洪臺吉'이라는 귀족의 이름을 딴 것이라 한다.

오늘날 돈황 시내를 관통하는 당하는 바싹 말라 있다. 홍수 방지와 농업용수의 확보를 위해 40킬로미터 상류에 건설된 당하저수지에서 물을 막았기 때문이다. 폭 수십 미터의 강바닥을 허옇게 드러낸 채 온갖 잡초와 갖가지 야생화가 버려진 쓰레기 틈 사이에서 자라고 있다. 돈황 시내를 지나는 당하의 물은 겨울철에야 볼 수 있다. 겨울에는 홍수의 염려도 없고 또 농업용수도 필요치 않기에 물을 흘려보내는 것이다. 혹한의 겨울에 이곳을 찾기는 쉽지 않으니 도도히 흐르는 당하의 물결을 구경하기는 쉽지 않겠다.

당하는 아닐지라도 아쉬운 대로 그것을 대신할 물결을 돈황에서 찾아볼 수 있다. 농사에 필요한 물을 대기 위해 당하저수지에서 흘려보낸 물이 별도로 건설된 수로를 통하여 돈황시 외곽을 지나고 있는 것이다. 물론 당하와는 비교할 수 없는 작은 수로(폭이 4,5미터쯤 됨)에 불과하지만 메마른 당하에서 느꼈던 아쉬움을 달랠 수는 있을 것 같다.

사막의 오아시스에서 홍수라니 선뜻 이해가 가지 않을지 모르겠다. 드문 일이긴 하지만, 간혹 여름철에 폭우라도 쏟아지면 당하는 범람하여 주위의 가옥과

돈황 외곽 인공 수로

당하수고

전답을 모조리 쓸어버려 그 피해가 막중하다고 한다. 1995년 여름에 필자가 돈황을 방문했을 때, 한 차례 쏟아진 폭우로 시내 도로의 상당 부분이 물에 잠긴 바 있다. 게다가 안정적인 농업용수의 확보를 위해서도 당하의 물을 저장할 수 있는 시설이 필요했다. 오늘날의 당하저수지는 1970년대부터 1995년까지 세 차례에 걸쳐 건설된 것이다.

현지의 여행사들이 잡아놓은 관광 노선에는 당하저수지가 들어 있지 않은 관계로 거리는 그리 멀지 않음에도 불구하고 이곳을 들르기는 쉽지 않다. 관광버스에 동승한 승객들이 그곳에 가겠다는 의견의 일치를 보지 않는 이상 혼자 택시를 대절해 가는 수밖에 없다. 돈황에서 양관 방향으로 약 40킬로미터 가다 보면 도로 왼편으로 저수지의 제방인 듯한 경사면에 '당하수고黨河水庫'라는 흰 색의 네 글자가 멀리서도 제법 뚜렷이 보인다. 이곳도 볼 만하니 좀 들러달라는 손짓으로만 보인다.

고대 돈황인들은 옥녀를 물을 관장하는 수신水神으로 여겼다. 매년 봄이면 하얀 비단 옷을 입은 그녀가 백마를 타고서 물결 일렁이며 당하를 건너와 집집마다 물을 대준다고 믿었다. 그리하여 봄이면 그녀에게 제사를 지내며 한 해의 안녕과 평온을 기원하곤 하였다.

다디단 물이 샘솟는 우물 - 첨수정甛水井

옛날 어느 해 여름날, 장사를 생업으로 하는 두 형제가 사주沙州에서 과주瓜州로 통하는 망망한 고비사막 위를 터벅터벅 걷고 있었다. 본디 내지가 고향인 이들은 돈황으로 물건을 팔러 나왔다가 고향으로 돌아가는 중이었다. 돈황을 떠난 지 이틀밖에 되지 않았는데 목이 마른 대로 물을 마셔댄 탓에 돈황에서 충분히 준비했다 여긴 물통은 어느새 바닥을 보이고 있었다. 과주까지는 얼마 남지 않았다지만 어디서 물을 구하지 않고서는 무사히 과주에 도착할 수 있으리라는 보장이 없었다. 이에 물을 찾으러 나선 그들은 길에서 얼마 벗어나지 않은 곳에서 우물 하나를 발견하였다. 바닥이 보이지 않을 만큼 깊디깊은 우물이었다. 이를 보고 형이 말했다.

"아우야, 어쩌면 이 우물에 물이 있을지도 모르겠다. 어서 내려가서 한번 보거라."

이에 동생은 동아줄을 타고 아래로 내려갔다. 그러나 우물 바닥을 이리저리 더듬어보았지만 손바닥에는 축축한 모래 하나 만져지지 않았다.

"형님, 물이 없습니다. 어서 저를 끌어올려 주세요!"

우물 속은 칠흑처럼 어두운데다 자신이 타고 내려온 동아줄조차 손에 만져지지 않자 겁이 난 동생이 고개를 들어 소리쳤다. 그러나 위에서는 아무런 대답도 없었다. 두려움에 질린 동생은 거듭 큰 소리로 형을 불러보았으나 자신의 고함소리만 웅웅 울려올 뿐 우물 입구에는 사람의 그림자조차 보이지 않았다. 착하고 충직한 동생은 그제야 형이 자신을 속인 사실을 깨달았다.

본래 형은 그 우물에 물이 없다는 사실을 알고 있었다. 그러면서도 돈황에서 벌어들인 적잖은 돈을 독차지하려고 짐짓 모르는 체 동생을 우물 속으로 내려보낸 다음 동아줄마저 거두어 낙타를 몰고 떠나버린 것이었다.

이날은 공교롭게도 음력 팔월 보름날이라 길 가는 상인들이 드물었다. 설사 지나는 사람이 있다 하더라도 우물 가까이 다가오지 않는 이상 동생의 고함소리를 들을 수는 없었다. 동생은 별 도리 없이 굶주림과 목마름을 견디며 우물 바닥에 주저앉아 있을 수밖에 없었다. 저녁이 되자 중추절의 둥근 달이 삼위산 위로 두둥실 떠올랐다. 그때 문득 남쪽과 북쪽 하늘에서 흰 구름 한 조각씩이 흘러 우물가로 내려오는데, 그 위에는 학처럼 하얀 머리카락에 아이의 얼굴색을 한 노인이 각각 타고 있었다. 남쪽 하늘에서 온 노인은 남산선인이었고, 북쪽 하늘에서 온 노인은 북산선인이었다. 구름에서 내린 두 선인은 먼저 옷을 단정히 하고 나서 서로에게 안부를 물었다. 그리고 나서 손에 들고 있던 지팡이를 우물 턱에 걸쳐놓더니 그 위에 유유히 앉아 달구경하며 한담을 나누기 시작했다.

"남산 노형, 이 우물에는 왜 물이 없는지 혹시 알고 계시오?"

"허허, 그건 인간들이 비밀을 몰라서 그런 거요."

"말씀하시는 걸 들으니 노형은 그 비밀을 알고 있는 듯하군요?"

"물론이지요. 황금 망치와 은 정으로 우물 바닥에 있는 푸른 석판을 뚫으면 다디단 샘물이 펑펑 솟아오를 것이라오."

"그 두 보물을 노형은 가지고 계신다는 말이오?"

"아우님은 내가 그것도 가지고 있지 않으면서 허풍을 떨고 있다고 보시오?"

"그렇다면 어디다 두시었소?"

"그건 함부로 입 밖에 내서는 안 되오. 그 보물을 잃어버리는 날에는 어떤 벌을 받게 될지 모른다오!"

"허허, 노형은 이 아우를 믿지 못하는 게로군요. 좋습니다. 그렇다면 저는 이만 돌아가겠습니다."

"여보게 아우님, 가지 마시게!"

남산선인이 급히 북산선인의 옷소매를 잡아끌었다.

"우리는 오늘 아홉 해 만에 이렇게 어렵사리 만났는데 이런 일 때문에 의가 상해서야 쓰겠소? 내 말해주지요. 삼위산에 들어서서 아홉 차례 돌아들면 붉은 바위 절벽이 나오는데 그 두 보물은 바로 그 절벽 앞에 있는 파란 석판 아래 놓아두었다오."

"노형이 말하는 그 두 보물은 희귀한 축에 끼지도 않으오."

"그게 무슨 말이오? 아우님에게는 이보다 더 귀한 보물이 있다는 게요?"

"그야 물론이죠. 우리 북산에는 금똥을 누는 금마와 은똥을 누는 은 낙타가 있지요."

"그것 참 신기하구려! 그런데 그걸 어디다 숨겨두었소?"

"저것 보오, 보름달이 벌써 중천에 떴으니 이만 헤어져야 할 때가 되었소. 아홉 해 지난 중추절날 우리 여기서 다시 만나거든 그때 노형에게 가르쳐드리지요."

"그러지 말고 좀 알려주시오."

"노형, 제가 이렇게 노형 애를 태워줘야 노형께서 다음번에 또 이 자리에 나올 게 아닙니까?"

"알겠소. 다음번에 만나면 꼭 알려줘야 하오."

그렇게 약조를 한 뒤 두 선인은 두 손을 앞에 모으며 고개 숙여 작별인사를 한 뒤 각각 흰 구름을 타고 남과 북으로 돌아갔다.

두 선인이 우물 입구에 앉아 한담을 늘어놓는 동안 동생은 자신의 처지도 잊고 우물 바닥에서 숨을 죽이며 그들이 나눈 말 한마디 한마디를 마음속에 깊이 새겨놓았다. 본래 그들에게 도움을 청하려 했는데, 곧 그 두 선인들의 대화에 매료되어 가만히 듣고만 있다가 그들이 말을 마치고는 곧장 자리를 떠버려 우물 밖으로 나올 기회를 놓치고 말았다. 후회해도 소용없는 일이었다. 선인들이 그렇게 돌아가버리자 더 이상 그렇게 마냥 앉아서 기다릴 수만은 없다고 생각한 동생은 단단한 돌멩이를 찾아들고서 우물 벽에다 발을 딛고 올라설 구멍을 파기 시작했다. 구멍을 내서 올라 딛고 또다시 그 위에 구멍을 내어 올라서는 식으로 그렇게 엄청난 노력을 기울인 끝에 그는 마침내 우물 밖으로 나올 수 있었다. 며칠 후 동생은 남산선인이 말한 비밀 장소로 가보았다. 그랬더니 과연 그곳에는 황금 망치와 은 정이 숨겨져 있었다. 그리고 그 우물 바닥으로 다시 내려가서 푸른 석판을 내려치니 석판은 손쉽게 부서지며 아래서 한 줄기 맑은 샘물이 퐁퐁 샘솟는 것이었다.

그 샘물은 맑고도 다디달았다. 한 모금을 마시면 가슴속이 상쾌해지고 한 사발을 마시면 쌓인 피로가 말끔히 가셨다. 그 후 이 소문이 퍼지면서 길을 가던 나그네들은 이 우물을 '첨수정甛水井'(다디단 물이 솟는 우물이란 뜻)이라 부르며 자주 이곳에서 하룻밤을 쉬어갔고, 그러다 보니 이곳에는 자연스레 역참이 형성되었다. 동생은 이곳에다 자그마한 점포를 열어 제법 만족스런 생활을 보내게 되었다.

9년이 지나고 또다시 물건을 팔러 돈황에 들렀다 첨수정을 지나게 된 형은 죽은 줄로만 알았던 동생이 버젓이 살아 있는데다 부유한 점포 주인이 된 것을 보고 깜짝 놀랐다.

'저녁에 꼴을 먹지 않은 말은 살찔 수 없고, 의외의 소득이 없는 자는 횡재할 수 없는 법이다. 아우 녀석에게는 분명 재물을 모으게 된 비결이 있었을 터, 내 반드시 이를 알아내야겠다.'

형은 뻔뻔스럽게도 동생 앞으로 다가가 눈물을 훔치고 콧물을 훌쩍거리며 거짓으로 과거 자신의 잘못을 사죄하였다. 선량한 동생은 형에 대한 원망보다는 우선 반가움이 앞섰다. 지나간 일을 문제 삼지 않고 곧 술상을 차려 형을 극진히 대접하였다. 서너 차례 술잔이 돈 후 형은 지나가는 말로 넌지시 물었다.

"아우야, 9년 전에 이 형은 양심을 속이고 너를 메마른 우물 속에다 버렸다. 그런데 너는 어떻게 그 우물에서 물을 퍼 올릴 수 있었던 게냐?"

동생은 숨기지 않고 우물 안에서 들은 기이한 이야기를 처음부터 끝까지 형에게 들려주었다. 동생의 이야기를 듣고 난 형은 눈알을 굴리며 잠시 생각에 잠기는 듯하더니 갑자기 바닥에 엎드려 쿵쿵 소리가 날 정도로 머리를 조아리며 동생에게 절을 하기 시작했다. 이에 동생은 어찌할 바를 몰라 황급히 자리에서 일어나며 말했다.

"대체 왜 이러세요, 형님! 하실 말씀 있으시면 해보셔요. 돈이 필요하시면 말씀만 하셔요."

"내 이제 와서 어찌 네게 돈 얘기를 꺼낼 수 있겠느냐. 다만 한 가지 부탁만 들어주면 좋겠구나."

형이 여전히 무릎을 꿇은 채로 말했다.

"한 가지가 아니라 열 가지 부탁이라도 들어드리겠으니 어서 일어나셔요."

동생은 형을 부축해 일으켜 세우며 말했다.

"아우야, 너는 이미 큰 부자가 되었는데도 나는 여태껏 이렇게 입에 풀칠하기조차 힘든 가난한 장돌뱅이 신세를 면치 못하고 있구나. 그래서 그러니 우리 부모님의 체면을 봐서라도 내가 그 북산선인의 비밀을 가서 들을 수 있게 해주면 안 되겠느냐?"

"그까짓 일 때문에 그러셨어요? 가서 듣고 싶으시면 얼마든지 가셔요."

동생의 흔쾌한 허락에 형은 히쭉 웃으며 마음속으로 생각했다.

'아우놈아, 넌 내게 또 속아 넘어갔구나. 황금 말과 은 낙타를 손에 넣기만 하면 나는 임금보다도 더 많은 재물을 갖게 될 것이다!'

팔월 보름이 되자 동생은 우물 속으로 형을 내려보내 주었다. 얼마 후 둥근 보름달이 모습을 드러내고 두 선인이 흰 구름을 타고 우물가로 내려오더니 전처럼 지팡이를 우물 위에 걸쳐두고는 그 위에 앉아 달구경을 하며 한담을 나누었다.

"노형, 오늘 무슨 일로 그리 눈살을 찌푸리며 한숨만 쉬고 계십니까?"

이따금씩 길게 탄식을 내뱉는 남산선인을 보고 북산선인이 물었다.

"어휴, 말도 마시오!"

"무슨 일이라도 있습니까?"

"9년 전 우리가 이곳에서 한 말을 누군가 엿들었다오. 내 황금 망치와 은 정이 사라졌다는 말이오. 이 우물에서 물이 솟기 시작한 것도 다 내 보물을 훔쳐 간 자의 짓이라오. 옥황상제께서 이 사실을 아실까 이만저만 걱정이 되는 게 아니오."

"뭐라구요? 정말 큰일이군요. 오늘 그러잖아도 황금 말과 은 낙타 이야기를 노형에게 들려주려던 참이었는데 이곳은 안되겠습니다. 다른 조용한 곳을 찾아보십시다."

"그러는 게 좋겠소."

두 선인이 막 자리를 뜨려는 순간 우물 아래서 철썩, 물소리가 들려왔다.

"아우님, 방금 이 소리 들었소? 이 우물 속에 사람이 있는 게 분명하오."

"고얀 것 같으니라고! 노형의 보물을 훔쳐가는 데 만족하지 않고 또다시 내 황금 말과 은 낙타의 비밀을 훔치려 들다니!"

"이처럼 나쁜 인간을 살려둘 필요 있겠소? 이 우물을 메워버립시다!"

이리하여 두 선인은 도술을 부려 모래와 흙을 날라 와 우물을 메워버린 뒤 자리를 떴다.

다음날 형을 꺼내 올리려고 동아줄을 들고 우물가로 나온 동생은 깜짝 놀라지 않을 수 없었다.

'도대체 누가 우물을 메워버렸을까?

황급히 사람을 불러 흙을 파냈는데 여러 날이 지난 뒤에야 겨우 형의 시신을 들어낼 수 있었다. 그러나 우물물은 썩은 시신에 오염되어 더 이상 마실 수 없게 되었다. 이리하여 첨수정의 물은 예전의 물맛을 잃어버리고 말았다.

오늘날에도 '첨수정'이라는 지명이 남아 있다. 돈황에서 동쪽 안서 방면으로 70킬로미터 지점에 있다. 그러나 관정管井 같은 것은 없고 다만 물을 뿜어 올리는 데 사용되는 듯한 커다란 쇠파이프 같은 시추공 펌프만이 땅속 깊이 박혀 있을 뿐이다. 돈황과 안서를 연결하는 도로 확장공사에 필요한 물을 그렇게 첨수정에서 조달해 쓰고 있었다. 작업 인부에게 물맛이 어떠냐고 물으니 '헌쿠(쓰다)'란다.

첨수정의 물이 쓴 것은 단지 어제오늘의 일만은 아니었다. 훗날 돈황예술연구소

장으로 일하며 '돈황의 수호신'으로 불리는 상서홍常

書鴻 선생은 1940년대 초 돈황을 처음 방문하러 가

는 길에 이곳 첨수정을 지나게 되었는데 그때의 일을

다음과 같이 회상하고 있다.

첨수정. 일대의 지하수를 끌어올려
도로 확장공사에 사용하고 있다.

"과주를 지나자 낙타몰이꾼이 우리들에게 알린다.

곧 첨수정을 지나게 된다고. 첨수정이라는 이름에서

우리들 마음속에는 가벼운 흥분의 물결이 일었다. 메

마른 사막 여행을 하는 사람 치고 물에 대한 갈망이

없는 자가 어디 있을까! 그날 밤 우리는 첨수정에 도착했고 일행 모두는 마음껏

이 '첨수'(다디단 물)를 마실 기대에 부풀며 서둘러 물을 길어 올렸다. 그리고 입

안으로 냅다 들이부었다. 그런데 이게 웬일인가. 물은 쓰디쓸 뿐더러 악취마저 진

동하지 않는가. 맛좋은 술 맛 정도 기대하였던 우리의 바람은 부질없는 꿈이 되고

말았다. 이튿날 새벽 우리 일행은 아연했다. 우물 주위가 온통 동물의 오줌똥으로

뒤범벅이 되어 있었던 것이다. 우물의 물은 바로 동물의 오줌똥이 오랜 세월 누적

된 것이라고 낙타몰이꾼이 그런다. 그러면서 그는 탄식과 실망을 금치 못하고 있

는 내게 한마디 하였다. '안서에서 돈황까지 120킬로미터의 고비사막에서 이 우

물이 유일하다오. 그러니 물맛이 역겹다고 생각지 마시구려. 그래도 우리 낙타몰

이꾼에게는 생명수와도 같은 물이라오!'"

그러했다. 어쩌면 과거 수백 수천 년 전부터 이곳의 물맛은 줄곧 이렇게 썼는지

모른다. 그럼에도 불구하고 '첨수'라는 이름이 붙은 것은, 혀끝에서 느끼는 말초

적인 감각이 아닌, 목마름에 죽어가는 생명을 구하는 소중한 물이라는 의미에서

그와 같은 이름이 붙지 않았을까.

마른 우물이 소금호수로 변하다 – 신점자염지新店子鹽池

돈황 정동쪽에 호수가 하나 있다. 멀리서 보자면 은빛 찬란한 옥쟁반처럼 보이는 이 호수가 바로 신점자염지新店子鹽池이다. 전하는 바에 의하면 아주 오래 전에 이곳은 '건정자乾井子'(마른 우물이란 뜻)라 불리던 곳이었는데 어떻게 해서 소금호수로 변한 것일까? 여기에는 다음과 같은 이야기가 전해온다.

정확한 시기를 알 수 없는 어느 해 어느 날 '대우大牛'라는 젊은이가 늙은 모친을 모시고 망망한 고비사막 위를 터벅터벅 걷고 있었다. 기근과 전란으로 만신창이가 된 중원의 고향을 떠나 상대적으로 평온한 이곳 서쪽 변방으로 살길을 찾아 무작정 흘러든 것이었다. 마지막 쉼터를 지나온 지도 여러 날이 지난데다가 험한 여정으로 그러잖아도 좋지 않은 노모의 건강이 더욱 악화되어 대우는 돈황 땅이 멀지 않은 이곳에서 하루를 묵게 되었다.

대우는 식은땀을 흘리며 죽은 듯이 누워 있는 노모의 이마에 손을 대보았다. 과주 땅을 지나올 때만 해도 미약했던 신열은 어느새 펄펄 끓는 고열로 변해 있었다. 가끔씩 노모는 의식을 잃은 채 "물! 물!" 하며 바싹 타들어간 입술을 달싹였으나 물통은 텅 빈 지 이미 오래였고 근처의 건정자도 이름 말마따나 또한 바싹 말라 있으니 어디에서도 물을 구할 길이 없었다. 안절부절 어쩔 줄 모르던 중에 마침 낙타에 소금을 가득 실은 소금 장수 하나가 이곳을 지나게 되었다. 대우는 이 빠진 사발을 들고서 소금 장수에게 달려가 울먹이며 말했다.

"아저씨, 저희 어머니가 몹시 위독하신데 계속 물을 찾으십니다. 제발 물 한 사발만 얻을 수 없을까요?"

"뭐, 물을 달라고? 사막에서 금보다도 소중한 게 물이란 걸 몰라서 하는 소리냐? 소금을 달라면 혹시 모를까."

소금 장수가 매정하게 거절하였다.

"아저씨, 제발 제 어머니의 목숨을 구해주세요!"

"돈을 가져오면 내주지. 물 한 사발에 은전 한 닢이다."

대우의 애걸에도 불구하고 소금 장수는 차갑게 반응할 뿐이었다.

'부자들은 마음 씀씀이가 독하다더니!'

뜨거운 눈물을 하염없이 쏟으며 대우는 모친에게 되돌아왔다.

노모의 갈래갈래 갈라진 입술에서 피가 흘렀다. 노모는 금방이라도 숨이 넘어갈 듯 가쁜 숨을 내쉬며, 울상이 된 대우에게 마지막 유언을 남겼다.

"아들아, 가난하더라도 의지가 약해서는 안 된다. 나는 이곳에 물이 없으리라고는 생각지 않는다. 이곳을 지나는 가난한 나그네들이 물을 마실 수 있도록 이곳에다 우물을 파도록 하여라."

그리고 노모는 숨을 거두었다. 대우는 모친의 장례를 치른 다음 모친의 유언대로 그곳에 우물을 파리라 다짐하였다.

길 가던 가난한 나그네들은 대우가 우물을 파려 한다는 소식을 듣고 어떤 이는 쇠끌이며 쇠삽을 남겨주기도 하고, 또 어떤 이는 마른 빵조각이며 시원한 물을 남겨주기도 하였다. 대우는 축축하며 옴팡진 곳을 골라 곧장 파내려 가기 시작하였다. 쇠끌이 닳아 짧아지고 쇠삽이 닳아서 뭉툭해지며 멜대가 부러지고 버드나무 광주리에 구멍이 날 정도로 그렇게 쉬지 않고 파내려갔다. 그러기를 여든 하루째 되던 날 마침내 맑고 시원한 물이 그 속에서 졸졸 흘러나왔다.

대우는 우물 부근에다 가옥을 지어 객잔을 열었다. 이로부터 건정자는 '신점자新店子'(새로운 점포라는 뜻)' 라 불리게 되었다. 길 가던 나그네들은 아무나 이곳에 들러 물을 마셨는데, 돈이 있으면 몇 닢 내놓고 가고 설령 돈이 없다 해도 대우는 목마른 그들을 그냥 모른 체하지 않았다.

몇 년 후 악랄한 그 소금 장수가 이곳을 지나다가 쉬어갈 생각으로 객잔에 들렀다. 주인장을 대하는 순간, 한눈에 소금 장수를 알아본 대우와는 달리, 그는 왠지 주인장의 낯이 익다는 생각만 들 뿐 구체적으로 어디서 보았었는지는 얼른 생각이 떠오르지 않았다.

"주인장, 이곳의 물값은 비싸겠구려?"

"그야 당연하지요. 한 사발에 은 한 닢이라오."

대우가 천연스레 대답하였다.

"뭐요? 물 한 사발에 은화 한 닢이라고 했소?"

소금 장수가 터무니없다는 표정을 지으며 되물었다.

"왜, 당신도 그렇게 팔지 않았소?"

"오오, 이제 보니 당신은 바로 그……."

어휴, 원수는 외나무다리에서 만난다더니! 그제야 대우를 알아본 소금 장수는 얼른 표정을 바꿔 히죽히죽 웃으며 굽실거렸다.

"주인장, 군자는 소인배의 잘못을 염두에 두지 않는다고 들었소. 그땐 이 몸이 돈에 환장하여 그렇게 주인장에게 몹쓸 짓을 하였소. 정말 미안하오."

"하하하, 걱정 마시오. 내 절대 당신 돈을 강제로 뜯어내지는 않을 테니까."

대우는 웃으며 그를 안심시킨 뒤 말을 이었다.

"이 객잔에는 규정이 하나 있다오. '돈이 있으면 몇 푼 내고 돈이 없더라도 배불리 먹고 마신 뒤 길을 떠난다' 가 바로 그거라오. 그러니 마음 푹 놓으시오."

그러고 나서 그는 곧 따뜻한 물이 담긴 대야를 들고 와 소금 장수의 얼굴을 씻게 하고 또 직접 소금 장수의 말에게도 물을 먹였다.

소금 장수는 대우가 죽기로 우물을 파고 또 수년째 객잔을 운영하고도 이렇다 할 재산을 모으지 못했다는 소식을 듣고 돈을 벌 줄 모르는 대우의 우둔함을 속으로 은근히 비웃었다. 만일 자신이 이 객잔을 손에 넣기만 하면 돈더미 속에 파묻혀 지낼 수 있으리라 생각했다. 그도 그럴 것이 일대에서는 이 객잔이 유일하였기 때문이었다. 밑져야 본전이라는 생각으로 소금 장수가 은근한 어조로 대우에게 말했다.

"동생, 이곳에서의 장사가 시원찮은 것 같은데 은화 일백 냥에 이 객잔을 내게 넘기는 게 어떻겠나? 그 돈을 가지고 동생은 읍내로 가서 장가나 들게나."

"이 몸은 이곳에서 사는 게 편하오."

대우는 아무런 계산 없이 대답했다.

"돈이 적어서 그러는가? 내 금화 한 덩이를 더 드리지."

소금 장수는 비시시 웃으며 꺼내놓은 은화 꾸러미 옆에 금 한 덩이를 더 올려놓았다.

'이 자가 왜 이토록 큰돈을 지불하면서까지 이 객잔을 사들이려는 거지? 분명 무슨 꿍꿍이속이 있을 것이다.'

그렇게 생각한 대우는 소금 장수에게 잘라 말했다.

"산더미처럼 많은 금과 은을 내놓는다 해도 난 이 객잔을 팔 생각이 없소."

대우의 확고한 태도에 소금 장수는 이를 북북 갈며 속으로 욕을 해댔다.

'흥, 객잔을 팔지 않는다니 내 그냥 두고 볼 수만은 없지!'

그날 밤 소금 장수는 소금 한 포대를 들러 메고 우물가로 가더니 악랄하게도 그것을 우물 속으로 던져버리고는 슬그머니 내빼버렸다.

새벽녘에 물을 길으러 우물가로 가던 대우는 깜짝 놀라지 않을 수 없었다. 허연 거품이 이는 물이 꾸역꾸역 우물가로 흘러넘치고 있었던 것이다. 맛을 보니 쓰고 짠 게 도저히 마실 수 있는 물이 아니었다.

"어휴, 이게 뭐야, 대체 어찌된 거지?"

그는 소금 알갱이들이 우물가 여기저기에 흩어져 있는 것을 보고 소금 장수의 짓임을 알았다. 하지만 이미 엎질러진 물이었다.

이후 우물에서는 쓰고 짠 물이 끊임없이 솟고 또 솟아 오래잖아 일대는 아예 소금호수로 변해버렸다. 그리하여 사람들은 이곳을 '신점자염지新店子鹽池'라 불렀다. 그리고 대우는 이 소금호수의 주인이 되었다.

신점자염지는 돈황에서 안서 방향으로 약 40킬로미터 지점에 있다. 안서-돈황 간 도로(安敦公路)에서 약 2킬로미터 정도 벗어나 있다. 차로가 없는 관계로 근처에 차를 세워두고 걸어 들어가야 한다. 소금호수 주위는 객잔을 열어도 전혀 손이라고는 찾아올 것 같지 않은, 양치기 노인들만이 어쩌다 인근을 지날 뿐인 인적이 거의 끊긴 허허벌판이다.

신점자염지

소금호수라고는 하지만 물은 모두 말라버리고 연갈색 소금만이 직경 수백 미터에 달하는 호수를 가득 채우고 있다. 호수 가운데로 걸어 들어갈수록 발밑이 아래로 꺼져들며 신발에 시꺼먼 진흙탕이 묻어나온다. 그래도 물이 완전히 말라버리지는 않은 것이다. 소금은 혀에 닿은 후 수 초가 지난 후에야 짠맛이 조금 전해올 정도로 염도가 낮다. 그것도 순수한 짠맛은 아니고 쓴맛이 가미된 그런 짠맛이다.

기련산으로 변한 하얀 낙타 - 신점대무덤군新店臺古墓群

전하는 바에 의하면 오래 전 신점대무덤군新店臺古墓群에는 하얀 낙타가 한 마리 살고 있었다. 낙타의 털은 보통 갈색인데 이 낙타는 온몸이 마치 학의 깃털처럼 새하얗다. 등에 솟은 두 개의 혹은 눈 덮인 작은 뾰족 산을 떠올리게 했고 다리는 백옥으로 된 돌기둥을 닮았으며 긴 목덜미는 밝은 조각달을 연상시켰다. 게다가 눈썹은 함박눈이 내리다 쉬어갈 만큼 길었고 눈동자는 유리알처럼 맑고 투명했다.

생김새만 그렇게 잘 생긴 게 아니라 이 낙타는 신기하게도 낙타들이 좋아하는 낙타풀과 같은 야생풀은 먹지 않고 오직 논밭에서 자라고 있는 농작물만을 먹었는데, 그것도 부자들의 논밭은 거들떠도 안 보고 오로지 가난한 자들의 논밭의 것들만 좋아하였다. 더욱 신기한 것은 이 낙타는 논밭에 전혀 피해를 주지 않을뿐더러 그가 밟고 지

신점대고분군에 있는 한 분묘

나가거나 우물거린 적이 있는 농작물은 이삭이 잘 패고 또한 낟알이 매우 옹골차게 여무는 것이었다. 시간이 흐르면서 가난한 이들은 이 흰 낙타를 자신들의 오랜 친구로 여기게 되었고 자신들의 농작물에 어떤 재해가 닥치면 곧 흰 낙타에게 도움을 청하게 되었다.

장씨의 밀밭에 관개할 물이 없으면 이렇게 외치기만 하면 되었다.

"흰 낙타야, 우리 집 밀밭에 가뭄이 들었구나!"

그러면 흰 낙타는 어디선가 달려와 입에서 하얀 타액을 뿜으며 밭을 한 바퀴 휘익 돌았고, 그러고 나면 그때까지 누렇게 시들어 있던 밀싹은 일시에 푸릇푸릇 변하였고 잎새 위에는 물방울이 송알송알 맺혔다.

또 왕씨의 목화밭에 벌레가 생기면 이렇게 외치기만 하면 되었다.

"흰 낙타야, 우리 집 면화 밭에 몹쓸 벌레들이 생겨 목화 잎을 갉아먹고 있구나!"

그러면 흰 낙타는 즉시 그리로 달려와 흰 타액을 토해냈고, 그러고 나면 벌레들은 깨끗이 사라지고 큼직한 목화송이가 주렁주렁 열렸다.

당시 이 마을에는 호삼마자라는 탐욕스런 늙은 부호가 살고 있었다. 흰 낙타에 관한 소문을 들은 그는 몇 가닥 남은 염소수염을 어루만지며 음흉한 생각에 잠겼다.

'참으로 희한한 낙타로구나. 내 이것을 사로잡아 황제께 바쳐야겠다. 혹시 벼슬자리라도 하나 떨어질지 어찌 알겠는가.'

그는 즉시 낙타를 잡을 채비를 하였다. 흰 낙타가 부자는 싫어하고 가난한 자를 좋아한다 하기에 입고 있던 비단옷을 벗고 누덕누덕 기운 헌 옷을 입고서 가복 몇을 데리고 무덤 근처에 몸을 숨긴 채 낙타가 나타나기만을 기다렸다.

해가 산 너머로 떨어지고 양들이 우리로 돌아갈 무렵이었다. 저만치서 흰 낙타가 저녁놀을 밟으며 무덤군 쪽으로 경중경중 걸어오는 것이 보였다. 호삼마자는 무덤 한켠에서 숨죽이며 낙타가 향하는 곳을 지켜보고 있는데, 낙타는 그 사실을 아는지 모르는지 한 무덤 앞에서 걸음을 멈추더니 홀연 그 속으로 뛰어 들어갔다. 이를 지켜보고 있던 호삼마자는 뛸 듯이 기뻐하며 가복들에게 낙타가 들어간 무덤의 입구를 때려 부수게 하였다. 무덤 속으로 들어간 이상 독 안에 든 쥐나 다름없어 보였다. 입구를 부수고 안으로 들어서니 어둠 속에 한 갈래 돌로 된 널길羨道이 놓여 있었고, 횃불을 켜들고서 마음을 졸이며 아래로 내려가니 또 하나의 문이 앞을 가로막고 있었다. 다시 그 문을 부수고 내려가보니 또 다른 문이 있었고 그 문을 부수고 들어가니 또 하나의 문이 버티고 있었다. 그렇게 일곱 개의 문을 거치고 나니 비로소 현실玄室에 이르는 문이 나타났다.

현실문을 열어젖히니 그 안은 뜻밖에도 어디선가 비쳐드는 빛으로 대낮처럼 밝고 훤했다. 넋 나간 사람처럼 잠시 멍하니 서 있던 호삼마자는 곧 정신을 차리고 가만가만 주위를 살폈다. 저만치 푸른 빛깔의 석단 위에서 그 흰 낙타가 숨조차 쉬지 않는 듯 꿈적도 하지 않은 채 엎드려 있는 게 보였다. 다가가서 들여다보니 그것은 다름 아닌 호탄의 아름다운 옥으로 이루어진 조각상이었다.

"하하, 이 낙타는 요술을 부릴 줄도 아는구나. 정말로 값을 매길 수 없는 보배로다!"

호삼마자는 기뻐 어쩔 줄 몰랐다.

"이는 필시 하늘이 내게 내린 복덩이로다! 여봐라, 어서 이 보물을 옮기도록 하여라. 내 길일을 택해 황제께 바쳐야겠다."

가복들이 우르르 달려들어 쇠막대로 지레질하고 나무 몽둥이로 치켜들고 동아줄로 묶어 잡아끌기를 반*밤을 계속했으나 하얀 옥의 낙타는 조금도 움직이지 않았다. 힘깨나 쓴다는 장정 대여섯이 달려들어도 움쩍달싹도 않자, 이를 옆에서 지켜보던 호삼마자는 가만히 서 있을 뿐인데도 온몸이 땀으로 흠뻑 젖어들었다.

'옮겨가지 못할 바에야 때려 부숴버리자. 가만 놔둬 저 가난뱅이들이 편안하게 살도록 내버려둘 수는 없지. 게다가 부서진 옥 조각들을 내다 팔면 은화 수백 냥쯤은 거뜬히 벌지 않겠는가!'

그는 한 가복의 손에 들려 있던 쇠몽둥이를 빼앗아 이를 악물고는 백옥 낙타를 향해 힘껏 내리쳤다.

"딱!"

그러나 어찌된 일인지 백옥 낙타는 아무런 흠집 하나 입지 않고 말짱하기만 했다. 오히려 호삼마자만 손아귀가 저리고 팔뚝이 시큰시큰 쑤셨으며 쇠몽둥이는 안으로 볼품없이 휘어졌다.

그들이 이렇게 백옥 낙타와 씨름하는 동안 서서히 날이 밝아왔다. 문득 눈을 뜬 백옥 낙타는 사람들이 자신의 몸을 칭칭 옭아매놓은 것을 보자 눈에서 불길이 활활 치솟았다. "뿌우?" 하고 한 차례 크게 울부짖으며 자리를 떨치고 일어서는데 입에서는 하얀 거품이 확 뿜어져 나왔다. 동시에 어디로부턴가 일진광풍이 휘몰아치니 그들은 눈조차 제대로 뜰 수 없었다. 이에 가복들은 걸음아 날 살려라 앞다투어 달아났다.

그러나 호삼마자의 욕심도 만만치 않았다. 꽁지가 빠지도록 달아나는 가복들의 뒤통수에 대고 고래고래 소리를 질렀다.

"달아나지 마라! 저 낙타를 사로잡는다면 내 너희들에게 무거운 상을 내릴 것이오, 그렇지 못한다면 중벌을 면치 못할 것이다!"

주인의 엄령에 가복들은 하는 수 없이 주저거리며 무덤으로 되돌아왔다.

백옥 낙타는 호삼마자와 그 일당이 다시 돌아온 것을 보자 잦아들었던 분노가 다시 치솟았다. 성큼 석단에서 뛰어 내려오더니 한 차례의 포효소리와 함께 순식간에 무덤에서 뛰쳐나왔다. 그러고는 무덤을 향해 한 차례 발길질을 해대니, 삽시간에 모래와 자갈이 휘날리더니 쿠르릉 하는 굉음과 함께 무덤이 폭삭 내려앉아 버렸다. 호삼마자 일당들은 무덤에서 채 벗어나지 못하고 그 속에서 깔려 죽고 말았다.

흰 낙타가 잠시 거친 숨을 가라앉히고 있는 사이, 멀리 서쪽 하늘가에서 조용히 일고 있던 흙먼지가 요란해져 가는 말발굽 소리와 함께 점점 가까워져 갔다. 앞서 상황이 여의치 않자 호삼마자가 하인 하나를 관아로 보내 흰 낙타의 신이함을 전하며 그것을 붙잡을 병사들을 요청하였던 것인데, 그 소식을 접한 관아의 관리는 나름대로의 계산하에서 행여 늦을세라 서둘러 낙타 포박을 위해 관병들을 내었던 것이다. 하늘을 뒤덮을 듯한 기세에다 그 수가 너무 많아 당해낼 수 없다고 여긴 흰 낙타는 성큼성큼 남쪽을 향해 내달렸다.

그 뒤를 말 탄 관병들이 날래게 뒤쫓았다. 당장이라도 따라잡을 듯한 빠른 속도였다. 그러나 어찌된 일인지 관병들과 낙타와의 거리는 좁아지기는커녕 점점 멀어져만 갔다. 그러나 관병들은 포기하지 않고 계속 그 뒤를 쫓았다. 얼마나 쫓았을까. 관군의 눈앞 저 멀리서 낙타 한 마리가 꿈쩍도 않고 서 있는 게 보였다. 분명 자신들이 쫓고 있던 그 낙타였다. 그러나 가쁜 숨을 헐떡이며 그들이 그곳에 다다랐을 때는 이미 낙타는 온데간데없었다. 대신에 기이하게도 그곳에는 이전에는 분명 없었던 높은 설산이 찬란한 햇빛 아래서 반짝반짝 은빛 광채를 내뿜으며 하늘 높이 솟아 있었다. 바로 흰 낙타의 변신이었다. 그 후 사람들은 이 산을 '기련산祁連山'('기련'은 몽골어로 '하늘'이란 뜻)이라 불렀다.

이후로 기련산의 만년설은 서서히 녹아내려 고비사막의 농작물에 물 대어 주니, 이로 인해 이 일대는 해마다 가뭄을 모르고 풍성한 수확을 보장받을 수 있게 되었다. 사람들은 이 모든 게 흰 낙타의 신성神性이 나타난 것이라 믿고 있다.

가욕관에서 바라본 기련산.

오늘날에야 관광 목적으로밖에

는 사용되지 않는 낙타지만, 자동차나 기차가 없었던 전근대에 있어서 '사막의 배'라는 아명雅名이 붙을 만큼 낙타는 사막에서 살아가는 이들에게는 둘도 없는 삶의 동반자였다. 유목이 주요 생활 기반이었던 일반 서민들의 삶에 있어 낙타는 우리 민족에게 있어서의 소만큼이나 친근한 동물이었다. 단지 인간과의 친숙도 면에서만 그런 것이 아니라 기질 면에서도 낙타는 소와 많이 닮아 있다. 느릿느릿하나 끈기가 있고, 기질이 온순하고 부드러워 아이가 몰아도 고분고분 말을 잘 듣는다. 인간에게 자신의 모든 것을 바친다는 점에서도 닮아 있다. 노동력과 젖과 털과 가죽과 고기, 심지어는 똥까지도 인간에게 유용한 용도로 쓰인다. 낙타 젖은 다양한 유제품에 사용되고, 털은 방한복, 가죽은 신발이나 가방 등의 생활용품 만드는 데 사용된다. 또 낙타고기는 일반적인 식용으로 사용되는데 특히 낙타 발바닥은 곰 발바닥만큼이나 귀한 음식 재료로 사용된다. 낙타 똥은 땔감으로 사용되는데 제법 화력이 세다고 한다.

돈황 시내를 벗어나 동쪽 안서 방면으로 돈황공항을 지나 조금 가다가 오른쪽으로 난 비포장도로를 지나면 황막한 고비사막 가운데 높고 낮은 흙무더기들이 점점이 널려 있는 게 눈에 띈다. 높은 것은 2~3미터 남짓하고, 낮은 것은 평지와 거의 비슷한 높이이다. 바로 신접대무덤군이다. 명사산 아래의 불야묘佛爺墓까지 이어지는 이 무덤군에는 모두 1만여 개의 한漢·진晉·당唐대의 무덤들이 있다. 1987년 돈황공항을 확장할 당시 80여 개의 무덤을 발굴해냈고, 그 가운데 비교적 규모가 큰 두 개의 무덤이 일반인에게 개방되고 있다.

그런데 그 두 개의 무덤을 발굴하게 된 것은 순전히 어느 도굴꾼 때문이라 한

화상석

다. 지금도 상당수 남아 있지만 무덤 속에는 벽돌에 각종 그림을 그려 넣은 화상

석畵像石이 있다. 무덤의 도굴꾼이 이 화상석 하나를 돈황 시내의 야시장에 내다

팔던 중 한 전문가의 눈에 띄게 되었다. 한눈에 그 화상석의 가치와 대강의 출처

를 알아차린 그는 잔뜩 관심을 보이며 그러한 벽돌이 또 있느냐고 물으니, 어리석

은 그 도굴꾼은 반색을 하며 집에 여러 장이 더 있다며 내일 다시 나오라는 것이었

다. 돌아서서 그 전문가는 그 즉시 공안국에 연락을 하였고, 그 도굴꾼은 공안이

미행을 하고 있다는 사실도 모른 채 다시 그 무덤을 찾았다. 화상석의 가치를 몰라

그저 한 장만 가지고 나갔던 것인데 뜻밖의 고객을 만나 몇 장 더 가지고 나갈 생

각이었던 것이다. 두말할 필요도 없이 그 도굴꾼은 현장에서 체포되었다. 후에 그

도굴꾼은 처형당했다고 한다.

　그런데 그 많은 고대 무덤들을 왜 더 이상 발굴하지 않고 그냥 놔두고 있을까?

여러 이유들이 있겠지만 현지 관리인의 말에 따르면 문화재 보호 차원에서 그냥 놔둔다고 한다. 고대의 무덤은 한번 발굴되어 외부의 공기에 노출되면 그 순간부터 어찌할 수 없는 훼손이 시작된다는 것이다. 바로 화상석을 두고 하는 얘기였다. 외부의 공기가 전혀 스며들지 않는 밀폐된 공간에서 화상석은 본래의 색깔을 그대로 간직하고 있다가도 외부의 공기를 접하게 되면 서서히 그림의 색깔이 사라져버린다는 것이다. 실제로 그러했다. 박물관에서 보았던 선명한 색깔을 보이고 있던 화상석 사진과는 달리, 무덤의 널길 3~4미터 위에 끼워져 있는 화상석의 실제 그림은 거의 알아볼 수 없을 정도로 희미해져 있었다. 20년도 채 안 되는 사이에 말이다.

돈황인의 젖줄이라 할 수 있는 당하는 기련산에서 발원한다. 따라서 기련산이 없으면 당하도 없고 당하가 없으면 오아시스 돈황도 존재할 수 없다. 돈황 사람들에게 기련산은 자신들의 생명을 유지시켜 주는 고마운 존재일 수밖에 없다. 농사를 도와주는 하얀 낙타가 변해서 기련산이 되었다는 이 같은 전설은 기련산에 대한 돈황인의 그러한 마음을 보여준다.

검으로 바위를 찔러 샘을 이루다 - 이사천貳師泉

돈황 시내를 벗어나 동으로 차를 타고 가다
보면 푸른 백양나무 가로수 길을 지나고
곧이어 황량한 고비사막이 끝없이 눈앞에 펼쳐진
다. 그런 망망한 고비사막을 한 시간 남짓 가다 보
면 언제부턴가 오른쪽으로 삼위산이 자리하고 있
음을 깨닫게 된다. 그곳 벌거벗은 삼위산 자락에는
뜻밖에도 한줄기 청량한 샘물이 졸졸거리며 흘러
나오고 있다. 속칭 '조조수吊吊水' 라고도 불리는 이
샘은 깎아지른 듯한 절벽에서 물이 나온다 하여
'현천懸泉' 이라도 불리며, 이사장군貳師將軍 이광리
李廣利가 검으로 바위를 찔러 물을 흐르게 하였다
하여 '이사천貳師泉' 이라고도 불린다.

이사 장군

전하는 바에 의하면, 한나라 무제는 보마寶馬를 무척 사랑하여 어디어디에
명마가 있다는 소식이 들려오면 어떻게 해서라도 그것을 손에 넣고야 말았다.

그런 무제에게 하루에 천 리를 달리며 피처럼 붉은 땀을 흘린다는 대원국大宛國(현재의 중앙아시아의 페르가나) 이사성貳師城의 한혈마는 그야말로 하늘에서 내려온 천마에 다름 아니었다. 이 한혈마를 얻기 위해 무제는 이광리를 이사장군에 임명하여 대원국 정벌을 명하였다. 이광리는 무제의 기대에 부응하여 천신만고 끝에 대원국을 무너뜨리고 한혈마 3천 필을 거두어 군사들과 함께 장안으로의 개선 길에 오르게 되었다. 귀로 초반만 해도 그들은 싸움에 승리한 병사들답게 전혀 흐트러짐 없는 대오와 넘치는 사기를 과시하고 있었다. 그러나 돈황 삼위산을 지날 무렵, 무더운 한여름 날씨에다가 연일 계속되는 행군으로 피로에 지친 그들의 대오와 사기는 패잔병의 그것과 다름없었다. 그러나 무엇보다도 큰일은 마실 물이 바닥이 난 사실이었다. 그리하여 급기야는 사람과 말이 하나같이 고비사막에 어지러이 너부러져 가쁜 숨만 토해내는 지경에 이르게 되었다. 주위에는 작은 풀포기 하나 보이지 않았고 물을 찾으러 보낸 병사들은 모두 빈손으로 터벅터벅 힘없이 돌아왔다. 그대로 있다가는 얼마 못가 모두 사막 속의 주검 신세를 면치 못할 게 뻔했다. 이에 초조해진 이광리는 직접 물을 찾으러 나섰다.

직접 나서기는 했지만 그의 눈앞에는 사방 어디를 보아도 물이라고는 있을 것 같지 않은 고비사막과 구릿빛 삼위산만이 끝없이 펼쳐져 있을 뿐이었다. 가망 없어 뵈는 물을 찾아 헤매기를 얼마나 했을까, 차츰 이 고비사막을 절대 벗어날 수 없으리라는 절망감과 하늘에 대한 막연한 분노의 감정이 엇섞여진 채, 이광리는 문득 삼위산의 한 골짜기 입구에 이르렀다. 그곳 역시 다른 곳과 다를 바 없는 바싹 말라붙은 골짜기에 지나지 않았지만 왠지 모를 기운에 이끌려 그는 골짜기를 따라 산을 오르기 시작했다. 얼마 지나지 않아 깎아지른 듯한 절벽이 앞을 가로막았다. 무심코 고개를 들어 위를 바라보니 절벽 면에는 언제 누가 썼는지 모를 '적수석滴水石'('물방울이 떨어지는 바위'란 뜻)'이란 세 글자가 적혀 있었다. 이광리는 그것을 보자 갑자기 분노가 치솟았다.

"물이 든는 바위라면서 물은 보이지 않으니 길 가는 사람을 희롱하자는 거로구나. 이름뿐인 이 바위가 나의 군대를 상하게 하였으니 이를 남겨둔들 무슨 소용 있으랴!"

말을 마치고는 칼을 뽑아 절벽을 향하여 힘껏 휘두르니 커다란 바위가 요동을 치며 불똥이 사방으로 튀었고, 다시 한 번 휘두르니 사방에서 누런 먼지바람이 일며 천지가 어둑어둑해졌고, 또 한 번 휘두르니 산이 갈라지고 땅이 흔들리더니 바위틈에서 한 줄기 맑디맑은 샘물이 졸졸졸 흘러나왔다. 절망 속에 빠져 있던 병사들의 기쁨은 두말할 필요도 없었다. 와와, 일제히 환호성을 지르며 달려와 실컷 물을 마시니 그들의 말라붙은 입술은 다시 생기가 돌고 늘어진 팔다리도 힘이 솟았다. 그리하여 그들은 장안으로의 귀로에 다시 오를 수 있었다. 그런데 신통하게도 이 샘은 사람이 많으면 물이 많아지고 사람이 적으면 물이 줄어들었다고 한다.

그 후 사람들은 바위를 찔러 샘을 이루게 한 이사장군을 기념하기 위해 이 샘을 '이사천'이라 불렀다. 그리고 샘 옆에다 '이사묘貳師廟'라는 사당을 세우고 그 안에 이광리의 신상神像을 모셔두며 그의 업적을 기렸다. 아울러 이곳에 역참을 세워 길 가는 군대나 대상隊商, 나그네들이 쉬어 갈 수 있게 하였다.

이사천에 가려면 돈황에서 안서安西 방면으로, 첨수정을 지나 수 킬로미터 더 간 후, 안서-돈황간 도로(안돈공로)를 벗어나 오른쪽으로 병풍처럼 늘어서 있는 삼위산을 향하여 꺾어 들어가야 한다. 안돈공로에서 이사천으로 접어드는 길은 제대로 포장이 된 것도 널찍한 길도 아닌, 길인지 아닌지 애매한 그런 길이라서 그곳 지형에 익숙한 현지 택시운전사조차도 잘못 들기 일쑤이다. 길을 찾을 수 있는 유일한 단서는 앞서 간 차의 바퀴자국인데 그것조차도 한 차례 바람이 불고 나면 흔적 없이 사라지고 만다.

이사천, 그 신기한 전설에 매료되어 큰 기대를 하고 그곳을 찾으면 열이면 열 그 초라함에 실망을 금치 못한다. 바위틈에서 쫄쫄거리며 흘러나오는 게 우리나라 동네 약수터만도 사실 못하기 때문이다. 게다가 안서 사람 외에는 찾는 이가 거의 없어 관리가 제대로 되어 있지 않아 군데군데 쓰레기가 널려 있다. 이광리 신상을

이사천

안치해놓았다는 이사묘貳師廟도 지금은 사라지고 없다. 다만 저만치에 허름한 벽돌집이 하나 있어 주전부리할 것 몇 가지를 팔고 있을 뿐이다.

이사천이 생기고 난 뒤 역참을 세웠다는 곳이 바로 옛 기록상의 현천치懸泉置('치'는 후세의 역참에 해당)이다. '현천'이란 이사천의 샘물이 깎아지른 듯한 절벽 아래서 나온다 하여 붙여진 이름이다. 단지 기

록으로만 전해오던 이곳이 지난 1987년에 발견되었다. 안돈공로에서 이사천으로 향하는 삼위산 자락 좀 못 미친 고비사막에서 1만5천 매에 달하는 한나라 때의 죽간竹簡이 기타 진기한 유물과 함께 발굴되었던 것이다. 발견된 죽간의 내용에 따르면, 이광리가 대원을 정벌하고 한혈마를 얻은 그해(기원전 101년)에 서한 왕조가 공문이나 서신을 전달하는 관리나 사신, 출정하는 군대에 편의를 제공하고자 이곳에 현천치를 건립했

현천유지懸泉遺址

다고 한다. 지금은 아무것도 남아 있지 않는 허허벌판이다. 다만 '현천유지懸泉遺址'라 적힌 비석이 하나 서 있어 그곳이 고대의 현천치임을 알리고 있을 뿐이다.

한 무제가 한혈마를 얻고자 전쟁을 벌인 것은, 이 전설에서처럼 황제의 개인적인 취향을 만족시키기 위한 것은 아니었다. 당시 한나라의 안정에 가장 위협적인 세력은 북방의 기마 민족인 흉노족이었는데, 그 흉노를 제압하는 데 있어 날쌔면서도 끈기 있는 한혈마는 절대 필수적인 것이었다. 당시 중국의 보통 말로는 흉노족이 타고 다니는 날랜 말을 도저히 따를 수 없었던 것이다. 다시 말해 무제의 한혈마를 얻기 위한 전쟁은 나라의 안녕과 영토 확장이라는 대의를 위한 것이었다.

물론 처음부터 대원과의 전쟁을 결심하였던 것은 아니었다. 그에 앞서 예물을 딸린 사신을 대원국으로 보내 대원국의 양마를 달라고 청하였다. 그러나 대원국의 왕은 천산과 사막이 가로막고 있는 원국遠國 한나라가 자기 나라를 어찌할 수 없을 것이라 생각하고 명마를 내주지 않는다. 뿐만 아니라 욕설을 퍼붓는 한의 사신

들을 죽이고 재물을 약탈해버린다. 무제의 대원 정벌은 이리하여 이루어진 것이다. 무제가 이광리에게 이사장군이란 칭호를 내린 것은 그가 대원국의 이사성貳師城에 도달하여 양마를 얻어올 것이라는 기대에 따른 것이다.

이광리의 대원 정벌 성공으로 한혈마를 손에 넣은 무제는 청년장군 곽거병霍去病에게 숙원 사업인 흉노 토벌을 명하고, 마침내는 흉노를 고비사막 이북으로 쫓아내는 데 성공한다.

삼형제가 거대한 불상으로 변하다 - 와불산臥佛山

돈황에서 서쪽 양관 방향으로 30분 남짓 차를 타고 가다 보면 정면으로 마치 부처가 누워 있는 듯한 형상을 한 산이 나타난다. 당하댐의 제방을 머리에 베고 발은 양관대로를 향한 채 하늘을 바라보고 똑바로 누워 있는 모습인데, 머리와 몸체와 다리와 발의 형태를 또렷이 지니고 있을 뿐더러 그 비율도 적절히 배분되어 있다. 게다가 머리 부분에서는 정수리의 육계肉髻[1]와 눈두덩, 입

와불산

과 코 등의 오관마저도 제법 선명하다. 하루 중 특히 해 질 무렵 황금빛 석양이 내리면 와불은 더욱 평온하고도 장엄한 모습으로 누워 있다.

그런데 이 부처는 어찌하여 이 고비사막에 누워 있는 것일까? 민간에서는 이와 관련하여 다음과 같은 이야기가 전해온다.

---

1) 부처의 정수리에 있는 뼈가 솟아 저절로 상투 모양이 된 것.

옛날 어느 마을에 삼형제가 살고 있었는데 이들은 한날한시에 모두 똑같이 출가하여 승려가 되었다. 어느 해 이들 삼형제는 함께 머나먼 서천으로 취경取經을 떠나게 되었고, 갈증과 허기에 시달리며 밤낮을 가리지 않고 사막을 지나고 물을 건너 천신만고 끝에 경전을 구하여 돌아오게 되었다. 떠날 때는 모두 건장한 젊은이였던 그들은 이미 머리칼이 하얗게 센 늙은이가 되어 있었다. 양관에 들어선 뒤로도 그들은 한숨도 돌리지 않고 쉬지 않고 걷고 또 걸었다. 당하구黨河口에 이르렀을 무렵, 나이가 가장 많은 첫째는 기진맥진 도저히 더 걸을 수가 없었다.

"아우들아, 너희들 먼저 가거라. 나는 여기서 좀 쉬었다가 바로 따라가겠다."

초췌한 모습의 형에게 억지로 길을 재촉할 수 없었던 두 아우는 형을 잠시 쉬도록 놔두고 먼저 돈황성을 향하여 나아갔다. 혼자 남은 첫째는 밀려오는 피로에 당하구의 고비사막 위에 벌렁 드러누워 잠이 들었다. 그런데 뜻밖에도 한번 잠에 빠지자 그는 다시는 깨어나지 못하였다. 부처에 대한 신심이 돈독했던 그는 갖은 고난을 무릅쓰고 경전을 가지고 온 공덕으로 누운 채로 부처가 되었고, 오랜 세월이 흐르면서 커다란 와불산으로 변하였다.

한편 둘째와 셋째는 돈황성에 도착하여 형이 오기만을 기다렸다. 그러나 금방 따라올 것 같았던 형은 하루가 지나고 이틀이 지나도 나타나지 않았다. 그렇다고 되돌아 갈 수도 언제까지나 기다릴 수만도 없었다. 둘은 걸음을 늦추고 또 자주자주 쉬어가며 형이 따라오기만을 바랬다. 그러는 사이에 어느덧 둘은 삼위산 대천하 골짜기에 이르렀다. 당시 이곳에는 수많은 불교도들이 너도나도 석굴을 파고 부처를 모셔두고 있었는데 그 모습이 대단히 장관이었다. 형을 기다릴 겸 석굴들을 둘러보던 막내에게 둘째가 말했다.

"아우야, 우리 둘 모두가 이곳에서 형을 기다리다가는 제때에 경성에 도착하지 못할까 싶다. 내가 여기 남아 형을 기다릴 테니 너는 어서 동으로 향하거라."

둘째는 그렇게 말을 마치고는 바위 절벽에 털썩 기대어 앉았다. 그런데 그역시 너무 피곤에 지친 나머지 한번 주저앉자 다시는 일어서지 못하였고, 마침내 거대한 석불이 되어 버렸다. 이 석불이 바로 제96굴 9층누각九層樓에 있는 북대상北大像 미륵대불이다.

130굴 남대상

한편 둘째형의 말을 따라 어쩔 수 없이 홀로 길을 떠난 막내는 아쉬운 작별에 자꾸 뒤를 돌아보며 대천하 골짜기를 벗어나지 못했다. 그리고 어느 순간 둘째형이 좌불이 되어버린 사실을 알았다. 막내는 생각에 잠겼다.

'큰형 작은형 모두 돈황에 머물게 됐는데 나 혼자 돌아갈 순 없다. 나도 이곳에 남아 그들과 함께 부처를 섬기며 이곳을 지키리라.'

그리고는 가던 길을 되돌아와 둘째형이 화한 석불 남측에 앉아 경을 낭송하기 시작했다. 하루가 가고 이틀이 지나도 막내는 꿈쩍도 않고 독송을 그치지 않았다. 그러더니 두 형들과 마찬가지로 부처가 되었는데, 오늘날 제130굴의 남대상南大像 미륵불이 바로 그것이다.

이들 삼형제가 가지고 온 불경은 천불동의 승려와 신도들에 의해 자자손손 전송되고 전사傳寫되어 마침내는 석굴 하나를 가득 채우게 되었는데, 이 석굴이 바로 제17굴 장경동藏經洞이라 한다.

이 와불산은 근래 들어서야 발견되었다. 길이가 2킬로미터가 넘는, 결코 작다고는 볼 수 없는 그 산이 그동안 누구의 눈에도 띄지 않았던 것은 아니다. 다만 돈황 현지인들은 늘상 그것을 보아오던 터라 아무도 그것을 다른 눈으로 보지 않았을 따름이었다. 그러다가 돈황이 유명 명승지가 되고 그간 거의 아무도 찾는 이가 없던 양관에 관광객의 발길이 끊이지 않으면서, 양관으로 가는 도중의 이 와불산이 한 관광객의 눈에 띈 것이다. 그리고 1994년 신문에 그와 관련된 기사와 사진이 실리면서 이 산이 와불산임을 공식적으로 인정받게 되었다.

와불산의 존재가 오늘날에 와서야 처음 사람들의 눈에 띈 것은 아니다. 과거에 이미 알려져 있었는데 세월이 흐르면서 사람들에게 잊혀졌을 뿐이다. 청淸 도광道光 연간에 돈황으로 부임해온 한사린韓賜麟이란 자는 "일불도두수불성一佛倒頭睡不醒, 몽중취숙황량반夢中炊熟黃粱飯. 수불쌍각미감탱睡佛雙脚未敢撑, 직공척번용륵현直恐踢翻龍勒縣"이라며 와불산을 노래하였다. "부처는 드러누워 잠에서 깨어나지 않는데, 조밥을 짓는 동안 기나긴 꿈에라도 빠진 겐가. 잠자는 부처 두 다리 곧게 펴지 못하는 것은, 용륵현을 걷어찰까 싶어서라네" 하는 뜻의 시다. 용륵현은 오늘날의 남호南湖 즉 양관 일대를 가리키는데, 돈황 외곽 쪽에서 보자면 용륵현은 와불의 발치 밑에 있다. 이 시로 보아 와불산은 19세기까지만 해도 그 존재가 알려져 있었던 것이다. 그러다 언제부턴가 사람들의 뇌리에서 와불산은 사라져갔고 마침내는 아무도 그에 대해 아는 이가 없게 되었다. 그렇게 사람들의 무관심을 100여 년 동안 묵묵히 견디며 숨어 있다가 1994년에야 와불산은 세인의 주목을 받게 된 것이다.

흔히 현지 사람들은 말한다. 삼형제 가운데 맏이의 운명이 가장 가혹하다고. 둘째와 셋째가 불전佛殿 안에 있어 비바람을 피할 수 있을 뿐더러 수많은 선남선녀들의 공양도 받을 수 있는 데 반해, 첫째는 노천에 누워 있어 비에 젖고 태양빛에 그을린다고 말이다. 전설을 전설로만 받아들이지 않는 그네들의 순수가 새롭다.

자신의 넓적다리를 불살라 밥을 짓다 - 동천불동東千佛洞

동천불동

옛 쇄양성鎖陽城 동남쪽 기련산의 깊고 황폐한 계곡 속에는 '동천불동'이라 불리는 7백여 년 된 일군의 석굴들이 있다. 이곳은 마을에서 멀리 떨어져 있는데다 길도 제대로 나 있지 않은 까닭에 근처에 사는 낙타나 양를 방목하는 목자들이나 알고 있을까, 오늘날까지도 이 석굴을 알고 있는 사람은 그리 많지 않다. 그러나 이곳 사찰의 주지였던 섭 화상에 관한 전설만큼은 일대의 노인들 사이에서 생생히 전승되어 오고 있다.

아주 먼 옛날 어느 노화상이 몇 명의 젊은 승려들을 대동한 채 기련산 한 골짜기에 접어들더니 주위를 둘러보고는 흡족한 듯 고개를 끄덕였다. 석굴을 파고 부처를 모실 장소를 물색하던 중 마침내 적당한 장소를 발견한 것이었다. 그들은 먼저 자신들이 묵을 수 있는 작은 공간을 마련한 다음, 한편으로는 송경 예불하고 한편으로는 계곡 아래에 동굴을 파기 시작하였다.

그들 중에 섭원이라는 젊은 승려가 있었는데, 그는 다른 사람이 하루면 외울 경문을 사흘이 걸려도 채 외우지 못할 만큼 기억력이 나빴고, 다른 사람이 하루면 배워 적을 수 있는 문장을 닷새가 되어도 익히지 못할 만큼 둔했다. 하지만 그는 애써 노력하였기에 좀 더디다 뿐이지 며칠 후면 어쨌든 다른 사람들과 똑같은 수준에 도달할 수 있었다. 그러나 단지 좀 아둔하다는 이유만으로 노화상은 무턱대고 그를 무시하고 욕하고 매질을 해댔으며, 다른 사람은 손쉬운 일을 하는 동안에도 그에게는 동굴을 파게 하였다. 노화상의 이 같은 차별에도 불구하고 섭원은 결코 화를 내는 일 없이 여러 날들을 동굴 안에서 그렇게 묵묵히 돌멩이를 파내고 모래를 실어 날랐다. 오랜 시간이 흐르고 스무 남짓한 수의 동굴이 모습을 드러냈다. 이어 노화상은 화공과 소조공을 불러 벽화를 그리고 불상을 빚게 하였다. 석굴이 완공되자 이곳은 복을 빌려는 사람들로 북적이기 시작했다. 향불 연기가 감실감실 피어오르고 종소리와 북소리가 뎅뎅 둥둥 울려댔다. 이렇듯 참배객들의 발길이 잦아짐에 따라 노화상의 명성도 사방팔방으로 두루 알려지게 되었다.

　동굴을 뚫는 데 누구보다도 많은 땀과 힘을 쏟은 섭원이었지만 여전히 그는 노화상으로부터 무시와 차별을 받았다. 다른 제자들이 석굴 안에서 독송할 적에도 그는 부뚜막에서 밥을 지어야 했다. 하루는 억수같은 비가 퍼부어대더니 부엌에 쌓여 있던 땔나무가 빗물에 흠뻑 젖어버렸다. 밥을 지어야 했던 그는 달리 마른 땔감을 구할 길도 없어 할 수 없이 젖은 장작을 아궁이에 집어넣었지만 불이 붙을 리 없었다. 꾸역꾸역 뿌연 연기만 피어오를 뿐 불이 붙을 기미는 도무지 보이지 않았다. 공양 시간이 늦어져 사부로부터 또 꾸짖음을 들을까 겁이 난 그가 마음을 졸이며 사부에게 가서 여차여차해서 불을 피울 수가 없으니 아침에 먹고 남은 만두를 드시면 어떻겠느냐고 물었다. 아니나 다를까 노화상은 섭원의 말이 채 끝나기도 전에 들입다 화부터 냈다.

"이 아무짝에도 쓸모없는 녀석 같으니! 마른 장작이 없으면 네놈 넓적다리를 올려놓으면 될 게 아니냐!"

스승으로부터 심한 모멸을 당하고 부엌으로 돌아온 섭원의 눈에서는 눈물이 걷잡을 수 없이 흘러내렸다. 그때 문득 사부가 자신에게 한 욕설이 우르릉하는 우레 소리가 되어 그의 가슴을 후려갈겼다.

'마른 장작이 없으면 네놈 넓적다리를 올려놓으면 될 게 아니냐!'

사부의 악설이 연신 그의 귓가에서 웅웅거렸다. 잠시 후 그는 무언가를 작심한 듯 이를 악물더니 아궁이 속에 볏짚을 넣고 불을 붙인 다음 아무런 망설임 없이 그 안에 자신의 두 다리를 쑥 집어넣었다. 그런데 참으로 이상한 일이었다. 그의 다리는 마치 기름이라도 발라놓은 듯 타닥타닥 마른 장작 타는 소리를 내며 왕성히 타들어갔으나, 섭원은 아무런 고통도 없을 뿐더러 두 다리는 멀쩡하기만 했다. 얼마 후 그는 다리를 아궁이에서 꺼내 딛고 서서 솥뚜껑을 열어보니 밥물이 부글부글 끓고 있었다. 서둘러 쌀을 넣고 얼마 안 있으니 밥이 다 되었다. 그는 사발 가득 밥을 담아 두 손에 받쳐 들고 벌벌 떨며 사부에게 가져갔다.

"장작이 젖어 불이 붙지 않는다고 하지 않았더냐? 그런데 어떻게 이렇게 빨리 밥을 지을 수 있었느냐?"

뜨거운 김이 모락모락 나는 밥사발을 건네받으며 노화상이 물었다.

"스승님, 저, 저……."

섭원이 더듬거리며 대답을 못했다.

"두려워 말고 사실대로 말해보아라."

전전긍긍하며 서 있는 섭원을 보자 가엾기도 하고 또 이상한 느낌도 들어 문득 어조를 부드럽게 하여 노화상이 말했다.

스승의 온화한 표정을 보고서야 마음이 놓인 섭원은 일의 자초지종을 말했다. 섭원의 말을 다 듣고 난 노화상이 그의 두 다리를 이리저리 살펴보았다. 덴 자국 하나 없이 말짱한 것이 기이하기 짝이 없었다. 그 순간 노화상은 자신의 잘못을 깊이 뉘우쳤다. 이에 섭원의 두 손을 꼭 잡으며 말했다.

"애야, 너는 정말 참되고 성실한 아이로구나. 그런데 너의 스승이라는 나는 그동안 너를 그토록 못살게 굴었으니 부끄러움에 몸 둘 바를 모르겠구나! 이제 나는 너무 늙었다. 그러니 이 사찰의 주지는 네가 맡도록 해라!"

섭원은 거듭거듭 사양했으나 이미 노화상의 마음은 굳어 있었기에 마지못해 받아들였다.

그리고 얼마 후 노화상은 제자들과 작별하고서 걸망을 메고 석장錫杖을 짚으며 행각行脚의 길을 떠났다.

이 일이 세상에 알려진 뒤로 사람들은 섭원을 섭부처라 불렀다. 그 뒤 섭부처는 사찰의 주지로서의 소임을 다하던 중 한 동굴 안에서 앉은 채로 입멸하였다. 그로부터 얼마의 세월이 흐른 후 계곡의 물이 차츰 말라버림에 따라, 이곳의 승려들은 생존을 위해 동천불동을 떠나게 되었고 향 연기는 이곳에서 사라졌다. 그렇게 오랜 세월이 흐르면서 이곳은 사람들의 기억 속에서 차츰 잊혀져갔다. 그러나 이 전설만큼은 백성들 사이에서 줄곧 전해져 내려왔다.

동천불동은 안서현에서 동남쪽으로 약 90여 킬로미터 지점에 있다. 23개의 동굴이 현존한다.

동천불동은 돈황예술 연구에 종사하던 한 학자에 의해 발견되었는데, 그는 탐방 중인 안서현 교자향에서 우연히 이 전설을 듣고 동천불동의 존재를 확신, 그 일대에 대한 광범위한 답사를 펼친 끝에 1982년 본 석굴을 찾아낼 수 있었다 한다. 전설을 단순히 전설로만 보아서는 안 될 때도 있음을 보여주는 사례라 하겠다.

사람을 실어 나르는 나무 연을 만들다 - 노반魯班

옛사람들은 목수와 석공과 소조공의 개조開祖인 노
반魯班의 원적原籍이 돈황이라고 말한다. 그래서
인지 돈황에는 그에 관한 전설이 매우 많다. 서운관西雲
觀 정전의 정교하면서도 독특한 창문은 바로 노반이 만
든 것이라고 전해오며, 또 뇌음사雷音寺를 건립할 때도
노반의 공이 절대적이었다고 한다. 그런 노반의 젊은 시
절에 관한 이야기는 적지 않은데, 여기서는 그가 나무
솔개를 만든 고사를 소개한다.

노반

노반은 어려서부터 손재주가 뛰어나 각양각색의 아
름다운 연을 만들 줄 알았다. 열일고여덟 살이 될 무렵
에 이미 부친으로부터 목공일을 제대로 배워 익힌 그는
일을 함에 있어서 비용과 자재를 절약하면서도 그 결과물은 매우 정교하면서
도 견고했다. 특히 다리를 놓거나 집을 짓거나 사탑을 세우는 데는 그 나이에

이미 능숙을 넘어 노숙의 경지에 다다랐으니 그 이름이 하서河西[1] 일대에 널리 알려진 것은 당연했다.

그러던 어느 해 그는 결혼한 지 며칠 되지 않아 한 고승의 요청으로 양주涼州로 9층 보탑을 세우러 가게 되었다. 일 년이나 걸리는 일감이었던 까닭에 그는 고향에 계신 나이 든 부모가 마음에 걸리기도 하고 또 신혼의 아내가 보고도 싶어 마음이 늘 울적하였다.

어느 날 노반은 하루의 일과를 마치고 잠시 쉬고 있는데 문득 솔개 한 마리가 창공을 빙글빙글 돌더니 잽싸게 서쪽으로 날아가는 게 보였다. 순간 그의 머릿속에는 어린 시절 연을 날리던 장면이 떠오름과 동시에 한 가지 묘안이 불현듯 스치고 지나갔다.

'나무 연을 만들어 그걸 타고 집에 갈 수 있지 않을까?'

총명하고 손재주가 있는데다 집에 돌아가고 싶은 마음이 절실했던 그는 얼마 안 가 정교하면서도 커다란 나무 연 하나를 만들어냈다. 그 위에는 자신이 탈 수 있는 장치도 달아두었음은 물론이었다.

그리하여 매일같이 저녁밥을 먹고 나면 나무 연을 타고 집으로 날아갔는데, 담배 한 대 피울 정도의 시간이면 돈황의 자기 집으로 돌아올 수 있었다. 신혼의 아내는 기쁘기 그지없었으나 시부모에게는 그 사실을 알리지 않았다. 남편

---

[1] 감숙성과 청해성이 황하의 서쪽에 있다 하여 붙여진 이름. 일반적으로 하서회랑河西回廊과 청해성 북동쪽을 흐르는 황수湟水 유역을 가리킴.

과 함께하는 길지 않은 밤 시간을 시부모에게 빼앗기고 싶지 않기도 하였지만, 자식이 하늘 높이 날아다닌다 하여 괜히 나이 드신 노부모에게 걱정을 끼쳐드릴 필요가 없다는 남편의 말도 있고 해서였다. 남편은 그렇게 밤이면 나무 연을 타고 날아와 아내와 잠자리를 같이하고 이튿날 동이 터올 무렵에 다시 나무 연을 타고 양주로 날아갔다. 그리하여 머지않아 노반의 아내는 아이를 갖게 되었다.

일찍 잠자리에 들었다가 느지막이 일어나는 까닭에 아들이 매일 저녁 집에 돌아온다는 사실을 전혀 눈치 채지 못한 노반의 부모는 며느리가 아이를 가진 것을 보고 그녀의 행실을 의심하게 되었다. 이에 시어머니가 완곡한 어조로 그 일을 넌지시 묻자 며느리는 자신이 행실 나쁜 여자로 오인받고 있다는 사실을 견딜 수 없어 모든 것을 사실대로 말해버렸다.

"아비한테 어떻게 그런 재주가 있다는 거냐?"

시어머니로부터 그 사실을 전해들은 시아버지는 터무니없다는 표정을 지으며 그 말을 전혀 믿으려 하지 않았다.

"그게 사실인지 아닌지는 우리 눈으로 직접 확인해보면 될 게 아니오. 영감, 오늘 저녁 문 앞에서 아들 녀석이 진짜 돌아오는지 어쩌는지 한번 기다려봅시다."

시어머니 역시 못 믿겠다는 표정으로 그렇게 말했다.

이날 저녁 노부부는 밥숟가락을 놓자마자 곧바로 대문간에 나가 서서 연을 타고 하늘에서 내려온다는 아들을 기다렸다. 얼마 지나지 않아 휘이잉 하며 난데없는 바람이 한 차례 불어오더니 별안간 나무 연 하나가 그들 앞 저만치에 스르륵 내려왔다. 그러더니 설마 연 위에 사람이 탈 수 있으랴, 여전히 못 믿어하는 그들 앞에 자신의 아들이 풀쩍 연 위에서 뛰어내리는 게 아닌가. 노부부는 놀랍고도 기뻤다. 며느리에 대한 의혹이 일시에 풀어졌음은 두말할 필요도 없었다.

"내일 일하러 가지 말거라. 내 이 나무 연을 타고 세상구경 한번 해야겠다!"

엉거주춤 서서 문안을 올리는 아들에게 늙은 부친이 들뜬 목소리로 그렇게 말했다.

다음날 이른 아침 늙은 부친은 나무 연에 올랐다. 아들은 부친에게 연을 어떻게 조종하는지 하나하나 가르쳐주며 당부의 말도 잊지 않았다.

"가까운 곳에 가고자 하면 이 조종 장치의 막대를 조금만 두드리고 멀리 가고자 하면 여러 차례 두드리시면 됩니다. 그리고 내일 일하러 가는 데 늦지 않게 일찌감치 돌아오셔야 합니다."

하늘 높이 날아오른 부친은 말할 수 없는 시원한 쾌감을 느꼈다.

'야, 이거 정말 대단하구나. 내 오늘 세상구경 한번 실컷 해봐야겠다.'

너무도 흥분한 탓에 일찌감치 돌아오라는 아들의 말은 이미 그의 머릿속에 남아 있지 않았다. 이에 나무 막대를 십여 차례 두드리니 휘잉 휘잉 귓가를 스치는 바람소리가 요란하더니 나무 연은 시위를 떠난 화살처럼 눈 깜짝할 사이에 남쪽 땅으로 날아가 오吳나라[2]에 이르렀다. 하늘에서 괴상한 물체를 타고 하얀 수염의 늙은이가 내려오는 것을 본 오나라 사람들은 사람 잡아먹는 요괴로 오인하여 우르르 달려가 그를 에워쌌다. 그리고 그가 누군지 묻고 자시고 할 것도 없이 사정없이 몽둥이를 휘둘러 그를 때려죽이고 나무 연도 산산이 부셔버리고 말았다.

한편 사흘이 지나도 부친이 돌아오지 않자 노반과 그 가족은 안절부절못하며 무언가 일이 잘못되었음을 알았다. 기다리다 못한 노반은 황망히 새로이 나무 연을 만들어 타고 사방으로 부친을 찾아 나섰다. 그러던 중 오 땅에 이르러서 부친이 오나라 사람들에게 맞아 죽었다는 소식을 들었다. 노반은 부득부득 이를 갈며 부친을 죽인 이곳 사람들에게 반드시 복수하리라 다짐했다. 그리고 어찌어찌하여 부친의 시신을 찾아낸 그는 슬픔과 분노를 억누르며 고향으로 돌아갔다. 고향 땅에서 부친의 장례를 치른 다음 그는 곧 커다란 나무를 마련하여 나무 선인을 조각하였는데, 오른손은 어디를 가리키는 듯 들려 있는 모습이었다. 노반은 이 나무 선인의 오른손을 오나라가 있는 동남쪽으로 향하게 세워놓았다. 그러자 기이하게도 이때부터 오나라는 해마다 극심한 가뭄으로 곡식 한 톨 거두어들이지 못했다.

해마다 연속되는 흉작으로 오나라 사람들의 삶은 피폐해질 대로 피폐해졌다. 그렇게 3년이 흐른 어느 해 오나라 사람들은 서쪽에서 온 장사치로부터 그 같은 가뭄이 부친의 원수를 갚기 위해 노반이 부린 술법 탓임을 알았다. 그리하여 덕망이 높은 노인 몇을 뽑아 후한 예물과 함께 돈황으로 보내 자신들

---

2) 오늘날의 강소 · 절강성 일대에 위치.

의 잘못을 속죄하도록 하였다. 마침내 노반을 찾아온 오나라의 노인들이 잘못을 뉘우쳐 말했다.

"저희 오나라 사람들이 세상 물정도 모르는 무지렁이들이라 선생의 선친을 요괴로 오인하여 죽이고 마는 크나큰 잘못을 저질렀네. 선생, 부디 너그러운 마음으로 우리를 용서하시어 더 이상 우리 백성들이 고통을 받지 않게 해주시구려."

노인들의 뉘우침을 듣고 노반은 그제야 부친의 죽음이 실수에 의한 것임을 알았다. 그리고 술법을 부려 백성들에게 보복을 한 자신의 소행에 깊은 부끄러움을 느꼈다. 거듭 자신의 죄를 뉘우치며 노인들이 가져온 예물을 완곡히 거절하고 즉시 나무 선인의 팔뚝을 싹둑 잘라버렸다. 그러자 오나라에서는 그 즉시 장대 같은 비가 쏟아져 내려 언제 그랬냐 싶게 오랜 가뭄이 깨끗이 해소되었다.

그렇게 일이 대충 마무리 된 후 노반은 그동안 자신이 해온 일에 대해 생각해보았다. 참으로 어리석은 짓을 했다는 후회가 들었다. 나무 연만 만들지 않았어도 부친을 죽음에 이르게 하지 않았을 것이고, 또 많은 무고한 오나라 백성들이 배고픔에 시달리는 일도 없었을 것이라는 생각에 마음이 몹시 우울하고 언짢았다. 그리하여 그는 나무 연과 나무 선인을 아궁이에 처넣어 태워버리고는 다시는 그런 물건을 만들지 않았다. 그 후 노반은 자신의 과오에 대한 죗값을 치른다는 생각으로 전국 각지를 돌아다니며 장인들이 맞닥뜨리게 되는 기술상의 난제들을 갖은 방법으로 해결해주었다. 이리하여 그는 희세의 뛰어난 장인으로 사람들의 기억 속에 남게 되었다.

중국 성어 중에 '반문농부班門弄斧'라는 말이 있다. '노반의 문전에서 도끼질한다'라는 뜻으로, 후세 토목업의 시조로 추앙될 만큼 목공에 능한 노반의 집 앞에서 가소롭게도 뭘 만들어 보이겠다고 도끼질함을 이르는 말로, 우리 속담의 '공자 앞에서 문자 쓴다'는 말과 같다. 노반은 중국 춘추 말기의 장인으로서, 오늘날 우리가 사용하는 수많은 도구들을 발명한 것으로 알려져 있다. 이를테면 톱, 끌, 곱자, 송곳과 같은 목공도구에서부터, 삽이나 돌절구와 같은 생활도구, 더 나아가 과거에 성을 공격할 때 사용하였던 운제雲梯나 수전水戰에 쓰이던 구거鉤距와 같은 군사도구에 이르기까지 다방면의 발명품들이 그의 의해 세상에 선보였다. 단순히 장인이라기보다는 발명가라는 칭호가 오히려 어울릴 정도이다. 사람을 태우고 하늘을 나는 연을 만들었다는 이 전설이 만일 사실이라면, 그는 세계 최초로 창공 비행에 성공한 인물이 될 것이다.

일반적으로 노반은 춘추 말기 지금의 산동성 일대에 위치했던 노魯나라에서 태어난 것으로 알려져 있다. 지난 2004년 노반 탄생 2511주년 기념으로 '노반연구회'가 산동에서 창립된 것은 그의 출생지에 대한 학계의 보편적인 인식을 보여준다.

그런데 이 전설에서는 노반이 돈황 사람으로 그려지고 있다. 당대唐代에 쓰여진 『조야첨재朝野僉載』라는 책에서 유래한 것으로 보이는 이 전설만으로는 이 노반이 실제 고대 춘추시대의 그 노반인지, 아니면 후대의 동명이인을 춘추시대의 노반으로 잘못 안 것인지 확인할 길은 없다. 그 사실 여부와는 무관하게 오늘날의 돈황 민속박물관에는 목장木匠의 시조로 추앙되는 노반을 돈황인으로 소개하며 그의 초상화를 모셔두고 있다.

살구선녀가 이광의 군대를 갈증에서 구하다 - 이광살구

이광살구

문화 예술의 보고인 돈황은 과일의 고향으로도 알려져 있는데 특히 달콤한 살구가 많이 나기로 유명하다. 알은 큼지막하면서 껍질이 얇고 과육이 두터우며 향긋한 냄새가 코에 스미는 이곳의 살구는 씨조차도 달짝지근할 만큼 한 입 베어물면 다디단 과즙이 입술에 촉촉이 묻어난다. 돈황의 이 살구에는 '이광살구李廣杏'라는 특이한 이름이 붙어 있는데 그 내력은 이러하다.

한漢 천자의 명을 받들어 하서 지방을 어지럽히는 흉노를 치러 온 장수 이광李廣과 그의 병사들이 돈황 일대에서 길을 잃었다. 때는 바야흐로 삼복 더위가 기승을 부리던 여름 한가운데였다. 잃은 길도 길이지만 무엇보다 심각한 문제는 일찌감치 바닥을 보이고 있는 물통이었다. 병사들의 태반이 이미 탈수 증세를 보이는 상황이었지만 주변 어디에서도 단 한 방울의 물도 구할 길이 없었던 것이다. 누구보다 초조한 사람은, 겉으로는 아무 내색도 안 했으나, 그런 병사들을 거느리고 있는 장수 이광이었다. 물이 있을 만한 데를 찾는다기보다는 어찌해야 되나, 시름에 젖어 초점 없는 눈으로 멍하니 망망한 사막 지평선을 바라보던 그가 문득 미간을 찌푸리며 한곳을 주시했다.

구름 두어 점이 유유히 떠다니는 고비사막 깊은 곳에서 비단 두 필이 하늘거리고 있었는데, 희한하게도 그 비단은 비취처럼 푸른빛을 띠는가 싶더니 어느 순간 번쩍이는 황금빛으로 변하는 등 수시로 색깔을 바꾸고 있었던 것이다. 그리고 조금 있다가 한 줄기 짙은 살구 향이 바람을 타고 코끝에 와 닿았다. 저 멀리 비단 있는 곳으로부터 전해온 것임에 틀림없어 보였다.

이에 이광은 바다를 표류하던 사람이 섬이라도 발견한 것처럼 흥분하며 병사들을 이끌고 말을 몰아 그리로 달려갔다. 그런데 이상한 일이었다. 비단을 하늘거리게만 할 정도의 미풍이 불 뿐이었기에 말에 박차를 가해 달려갔으니 금방이면 비단이 있는 곳에 다다르는 게 정상일 터인데 어찌된 일인지 그들은 아무리 내달려도 도무지 비단 가까이 다가갈 수가 없었다. 이광이 말을 빨리 몰면 그 비단도 빨리 날아가고 이광이 천천히 가면 그 비단도 서서히 나는 것이었다.

비단에게 희롱당하는 기분에 은근히 화가 치민 이광은 활을 꺼내 살을 얹고서 시위를 힘껏 당겼다 놓았다. 그와 거의 동시에 살에 맞아 비단 한 필이 땅으로 떨어지고 또 다른 한 필은 허공으로 날아가버렸다. 비단 한 필이 떨어지자 병사들은 환호성을 지르며 그곳을 향해 말을 달렸다.

병사와 말이 모두 숨을 헐떡거리며 마침내 비단 근처에 다다랐다. 그런데 이게 어찌된 일인가. 분명 땅에 떨어져 있어야 하는 비단은 온데간데없고 대신 그 자리에는 살구나무가 군락을 이루고 있었다. 게다가 가지마다에는 먹음직스럽게 잘 익은 살구가 주렁주렁 매달려 있었다. 이에 희색이 만면해진 병사들은 군침을 질질 흘리며 허겁지겁 살구를 따서 갈증으로 바싹 타오른 입 안에 우겨 넣고 우걱우걱 씹어 삼켰다.

이광도 손에 닿는 대로 노란 살구 하나를 따서 입 안에 넣고 아작 하고 씹었다. 순간 자신도 모르게 눈살이 찌푸려지며 몸서리가 쳐졌다. 보기와는 달리 살구는 껍질이 두껍고 살은 얼마 안 되는데다 소태같이 쓰디쓰고 명반처럼 떫었다. 황급히 뱉어내긴 하였지만 입에서는 여전히 쓰고 떫은 느낌이 가시지 않았다. 화가 난 이광이 보검을 빼들어 가까이에 있는 살구나무를 베어버리니, 병사들도 그 뒤를 따라 닥치는 대로 살구나무를 자르며 분을 풀었다. 그리고 기진맥진해진 그들은 되는대로 땅바닥에 나자빠져 잠이 들어버렸다.

이광이 보았던 그 두 필의 비단은 다름 아닌 단 살구선녀와 쓴 살구선녀였다. 이 선녀들은 본래 이광의 병마를 위기에서 구해주라는 서왕모西王母의 명을 받들어 이곳에 왔던 것인데, 병사들을 구해주기에 앞서 그들은 장난기가 발동하여 병사들이 쫓아오는 속도에 맞춰 빨리 가다 천천히 가다를 반복하며 장난질을 쳤고, 그러던 중 쓴 살구선녀가 이광의 화살에 맞아 땅에 떨어진 것이다. 화살에 맞아 쓰러진 쓴 살구선녀는 상심해 마지않으며 주룩주룩 눈물을 흘렸고, 원래 그런대로 먹을 만하였던 쓴 살구는 선녀가 흘리는 눈물에 더욱 쓰고 떫게 변해버려 도저히 먹을 수 없을 정도가 되어버린 것이다.

밤이 깊어 고요해지자 단 살구선녀는 하얀 달빛 아래서 오색 띠를 나부끼며 동생을 찾으러 왔다. 쓴 살구선녀는 단 살구선녀를 보자 얼른 그녀에게 달려가 안겨 훌쩍이며 말했다.

"저 홀로 어떻게 왕모님의 명을 감당하라고 언니 혼자 달아나버리셨지요? 언니가 달아나버린 사이 저들은 이 몸을 원망하여 살구나무를 이 지경으로 만들어놓고 말았답니다! 언니, 어서 단 살구나무로 변하시어 저들을 구하시어요."

"그 방법은 이제 안 돼요. 살구 숲이 또 하나 생긴다면 저들은 그것도 쓴 살구나무로 알아 그것마저도 이 꼴을 내고 말 거예요."

"그럼 어떻게 하죠?"

쓴 살구선녀가 걱정스레 물었다.

"너무 걱정 말아요. 내게 좋은 생각이 있으니까요."

"좋은 생각이라니요?"

"병사들이 잘라버린 동생의 쓴 살구나무 가지에 내 단 살구나무 가지를 접붙여 단 살구를 열리게 하는 거예요."

"접을 붙인다니요?"

쓴 살구선녀가 고개를 갸웃거리며 물었다.

"내가 시키는 대로만 하면 돼요. 먼저 나무 밑동만 남겨두고 동생의 잘려진 쓴 살구나무 가지를 모두 치워주세요."

단 살구선녀의 주문에 쓴 살구선녀가 소맷자락을 가볍게 내저었다. 그러자 맑은 바람이 한 차례 휙 하고 불어오더니 잘려진 채 수북이 쌓여 있던 쓴 살구나무 가지가 온데간데없이 사라지고 무수한 나무 밑동만이 남았다.

단 살구선녀는 눈이 부시도록 반짝이는 은침을 꺼내 되는대로 내던지니 은침은 무수한 은 송곳으로 변하여 앙상한 나무 밑동 위로 떨어져 작은 구멍을 내었다. 그런 다음 그녀는 다시 살구나무 가지 하나를 꺼내어 바람을 안은 채 한 차례 휘저은 다음, 허공에 내던지니 그 가지는 순식간에 무수한 살구나무 가지로 변하여 은 송곳으로 뚫어놓은 작은 틈 속으로 끼여 들어갔다. 그런 다음 긴 소맷자락을 흔들며 나풀나풀 춤을 추니 밑동 위에 꽂혀 있던 작은 살구가지는 즉각 커다란 나무로 자라더니 이내 노란 살구가 주렁주렁 열렸다. 단 살구가 열린 것을 보고 두 선녀는 만족해하며 구름을 타고 서쪽으로 사라졌다.

다음날 붉은 태양이 솟아오를 무렵 잠에서 깨어 무심코 살구 숲을 바라본 병사들은 눈앞에 펼쳐져 있는 괴이한 광경에 모두 넋을 잃었다. 그도 그럴 것이 전날 자신들이 분명 남김없이 잘라버린 나무의 그루터기에서 새로운 가지와 이파리들이 생겨났을 뿐더러 가지가지마다에는 노란 살구가 달콤한 향기를 풍기며 주렁주렁 매달려 있었던 것이다.

이광은 살구 하나를 따서 이리저리 살펴보았다. 흰빛이 나는 노란색에 부드럽고 자르르 윤기가 흐르며 향내가 나는 것이 어제의 살구와는 달라 보였다. 앞니로 살짝 한번 깨물어보니 혀끝으로 전해오는 맛은 분명 달았다. 안심하고 와삭, 한입 크게 베어 물었다. 하아, 속을 꿀로라도 만들었을까, 입 안이 부드러운 과육과 다디단 과즙으로 가득 차며 그간의 갈증이 순식간에 사라졌다.

기쁨에 찬 이광이 살구를 병사들에게 들어 보이며 소리쳤다.

"달다, 달아! 어서 와서 먹어보아라!"

그러잖아도 달콤한 살구 향기에 군침을 질질 흘리며 시읍하는 대장의 입만 가슴 졸이며 바라보고 있던 병사들은 하늘이 떠나갈 듯 환희의 함성을 지르며 우르르 달려들었다. 한바탕 마음껏 살구를 따먹고 나니 갈증과 허기와 피로가 일시에 가시며 몸에 기력이 솟구쳤다. 이리하여 이광의 군대는 잃었던 길도 되찾고 흉노와의 싸움에서도 대승을 거둘 수 있었다.

그 후 이광은 돈황으로 돌아올 때 그곳에 들러 살구 열매와 살구가지를 가져다 돈황의 관리에게 건네주며 그 맛을 보게 한 뒤, 돈황의 백성들이 그 살구나무 가지로 접을 붙여 재배하도록 하였다. 이리하여 이 살구는 돈황 지역에 널리 재배되기 시작하였다. 사람들은 이광의 공덕을 기리는 뜻에서 이 살구를 '이광살구'라고 이름 지었다.

달콤하면서도 향기로운 이광살구를 맛보려면 반드시 본래 나무의 가지를 꺾어다가 접을 붙여야 하는데 이것은 오늘날까지도 마찬가지다. 그러지 않고 살구의 씨앗만을 심어 기른다면 그 열매는 쓰고 떫어진다. 게다가 이 지역에서만 재배가 가능할 뿐 돈황을 벗어나면 또 그 맛이 변해버린다고 한다.

여름철 돈황 거리마다 '싱피수이杏皮水'라는 음료를 팔고 있는 상인들을 쉽게 찾아볼 수 있다. '싱피杏皮'라는 이름 때문에 살구 껍질로 만든 것으로 생각할 수 있는데, 여기서 말하는 '싱피'란 살구씨를 뺀, 껍질을 포함한 과육을 의미한다. 곧

'싱피수이'는 살구로 만든 음료수인 셈이니 살구주스라 부를 수 있을 성싶지만 그다지 합당한 명칭이라 볼 수 없는 게 '싱피수이'는 오랜 시간 살구 과육을 푹 '끓여' 즙을 낸 것이기 때문이다. 보통 차갑게 해서 마시는데 그 새콤달콤한 맛이 여름철 갈증 해소에 그만이다.

이광李廣은 서한 때 흉노 토벌에 공을 세운 장수이다. 흉노족은 그를 '비장군飛將軍'이라 부르며 그가 국경을 지키는 수년 동안 감히 한의 영토를 넘보지 못했다 한다.

서왕모의 시샘으로 수박고을瓜州이 모래고을沙州 되다
- 돈황의 옛이름

현재의 돈황이 과거 한때는 돈황도 사주沙州도 아닌 과주瓜州라고 불린 적이 있었는데, 그렇게 명명된 데는 어떤 내력이 있는 것일까? 이에 관해서 다음과 같은 전설이 전해온다.

아주 먼 옛날 서왕모는 천산天山의 요지瑤池에 살기 전에 삼위산에서 살았다. 그 당시 삼위산의 풍광은 오늘날과는 사뭇 달랐다. 깎아지른 듯 우뚝 솟은 기이한 봉우리는 그렇다 쳐도 하늘을 가리는 울창한 솔숲이며 백화만발한 산 등성이며 진주알 같은 물방울을 흩날리는 폭포수 등은 오늘날의 삼위산에서는 찾아볼 수 없는 경관들이었다. 당시 서왕모는 이러한 절경의 삼위산 가운데서도 가장 높은 산봉우리에서 살았는데, 그곳은 웅장하고 위엄 있는 궁전에다가 멋들어진 누각이 한데 어우러지고, 꼬불꼬불 끊어질 듯 이어지는 소로小路와 그 사이로 온갖 화초들이 무성하게 피어 있는, 그야말로 선산仙山 중에서도 으뜸갈 만한 절경을 이루고 있었다.

서왕모는 복숭아나무를 심고 복숭아꽃을 감상하고 복숭아 잔치를 벌이는 것을 무엇보다도 좋아했다. 그리하여 삼위산과 주위의 들녘은 온통 복숭아나무로 뒤덮였다. 봄이면 온 산은 분홍빛 안개에 휩싸인 듯 복사꽃 속에 파묻혔고, 가을이면 달콤한 향기의 복숭아가 가지마다 주렁주렁 열렸다.

복숭아가 익을 무렵이면 서왕모는 복숭아 잔치를 벌이곤 하였는데, 3년에 한 번씩은 하늘나라의 신선들을 초청하였고, 5년에 한 번씩은 인간세계의 왕들을 초대하여 복숭아 맛을 보게 하였다. 복숭아 잔치에 초대받은 국왕과 왕자들은 잔치에 빈손으로 오기 멋쩍어 보통 자기 나라의 특산품을 선물로 가져오곤 하였다. 이를테면 이오국伊吾國 왕은 참외, 선선국鄯善國 왕은 포도, 우전국于闐國 왕은 미옥美玉, 대원국大宛國 왕은 천마 하는 식이었다.

어느 해 선도 잔치에 처음으로 초대된 도괴국桃槐國 왕이 서왕모에게 박처럼 생긴 과일을 바쳤다. 그것은 이오왕이 가져온 참외와는 완전 달랐다. 참외보다 훨씬 큰데다 둥글둥글하며 껍질은 비취같이 짙푸르고 반들반들 윤기가 흘렀다. 쪼개보니 속살은 핏빛처럼 붉고 씨는 먹처럼 검었다. 한입 베어 무니 금세 꿀처럼 다디단 과즙이 한입 가득 고였다. 목을 넘기니 갈증이 해소되고 더위가 사라지며 가슴이 탁 트이고 기분이 상쾌해졌다. 서왕모는 이 과일을 침이 마르게 칭찬하고, 도괴국 왕에게 다섯 알의 선도를 상으로 내렸다. 이 과일은 총령 서쪽 끝에 위치한 도괴국에서 가져온 것이라 하여 '서과西瓜' 즉 수박이라 불렀다.

어느 날 월궁月宮에 사는 항아嫦娥가 삼위산에 놀러 왔다. 서왕모는 자신의 그 진귀한 수박을 항아 앞에 자랑스레 내놓으며 맛보게 하였다. 이를 먹고 난 항아는 문득 정신이 상쾌해지고 피로가 가시는 것을 느꼈다. 이에 귀한 과일을 맛보게 해준 서왕모에게 거듭 감사를 드리고 자신의 월궁月宮에다 심어보고 싶다며 씨앗 한 움큼도 얻었다.

서왕모와 작별한 뒤 월궁으로 돌아가는 길에 항아는 갑자기 인간세상을 구경하고 싶어졌다. 이에 여인네로 변장을 하고 밭둑으로 내려왔다. 때는 바야흐로 한여름이라 한창 무더위가 기승을 부리고 있었는데, 저만치에서 한 노인이 아들과 함께 땀을 비오듯 흘리며 김을 매고 있었다. 얼마 후 그 노인은 도저히 더위를 참을 수 없었는지 나무 아래로 다가가더니, 두 손으로 물통을 받쳐 들고 벌컥벌컥 물을 마셔댔다. 뱃속에서 꼬륵꼬륵 소리가 들려올 정도로 물을 마셨지만 노인의 갈증은 가시지 않은 듯했다. 항아가 그 모습을 보고는 안타까운 생각이 들었다.

'저들처럼 고생하는 농부들에게 수박을 맛보게 한다면 참 좋을 텐데.'

이렇게 생각한 그녀는 곧 노인에게 다가가 말했다.

"어르신, 수박은 목마름을 없애주는데 왜 심지 않는 거죠?"

"수박이란 게 뭐요?"

노인이 고개를 갸웃거리며 대답했다.

노인의 말에 그곳에 아직 수박이 없다는 사실을 깨달은 항아는 생각했다.

---

1) 달 속에 있다는, 항아가 사는 가상의 궁전.

'광한궁廣寒宮[1]은 날씨도 덥지 않을 뿐더러 또 나는 저들처럼 일을 하는 것도 아닌데 수박은 심어 뭣하겠는가. 차라리 이 씨앗을 농부들에게 주어 이곳에 심게 하는 게 낫겠다.'

이에 수박씨를 노인에게 건네주며 말했다.

"어르신, 이것이 바로 수박씨입니다. 나중에 맺게 되는 열매는 갈증을 해소시키고 정신을 맑게 하며 피로를 가시게 합니다. 가져가서 심으시지요."

노인이 조심스레 수박씨를 받으며 물었다.

"나중에 열매가 익으면 감사의 인사라도 올릴 수 있게 낭자 이름자라도 알려주시게."

"저 사는 곳은 흰 토끼만이 친구 되는 쓸쓸한 곳이랍니다. 초하루에는 찾아보기 어렵고 보름에는 그 모습을 드러낸답니다."

항아가 생긋 웃으며 자신의 거처를 말하는 것으로 노인의 물음에 답하고는 몸을 휙 돌려 사라져버렸다. 노인은 놀랍고도 기이하여 수박씨를 두 손에 받쳐든 채 한참을 멍하니 서 있었다. 이윽고 정신을 차린 그는 그 여인의 말을 하나하나 되뇌어보고는 씨앗을 준 자는 바로 월궁月宮의 항아선녀였음을 깨달았다.

곡우 전후하여 참외나 콩을 심어온 노인과 아들

항아 초상

은 거기에 맞춰 수박 씨앗을 심었다. 그리고 아침 일찍부터 저녁 늦게까지 김을 매고 비료를 뿌리고 물을 주는 등 온갖 정성을 다해 돌보았다. 그리하여 여름으로 접어들 무렵에는 둥근 조약돌 같은 푸른빛의 수박덩이가 여기저기에 뒹굴게 되었고, 초복이 되자 수박이 익기 시작했다.

사람을 푹푹 삶는 듯한 삼복더위가 시작되자 노인네 일가는 수박을 쪼개 먹어보았다. 항아선녀의 말대로 과연 속살은 달면서도 갈증을 싸악 가시게 만들었다. 그들은 자신들이 먹을 만큼만 남겨두고 나머지는 시장에 내다 팔아 제법 많은 돈도 벌었다. 수박이 맛도 좋고 또 팔아서 돈도 벌 수 있다는 입소문이 나면서 많은 사람들이 너도나도 수박을 심기 시작했다. 이때부터 이 지방은 '수박고을'이란 뜻의 '과주瓜州'라 불렸다.

수박의 보급과 함께 항아선녀가 수박 씨앗을 인간세상에 전해준 이야기도 널리 퍼져나갔다. 이에 사람들은 그 은혜에 감사하는 뜻으로 일 년 중 달이 가장 밝고 둥근 8월 보름날 집집마다 차례상을 차려놓고 '월병月餠(중국식 송편)'과 함께 가장 크고 잘 익은 수박을 그녀에게 바치기로 하였고, 이 약속은 점차 풍속으로 자리잡혔다.

어느 해 8월 보름밤 달은 휘영청 밝고 선선해진 밤공기는 상쾌하기 그지없었다. 서왕모는 달구경을 나왔다가 무심코 산 아래를 내려다보았다. 마을 사람들이 집집마다 차례상을 차려놓고 항아에게 잘 익은 수박을 바치고 있는 모습이 눈에 들어왔다. 순간 왈칵 성이 난 그녀가 항아를 욕했다.

"항아, 이 망할 년 같으니! 저 한 몸 떠받들리려고 내가 준 수박씨로 인간들에게 인심 썼구나!"

생각할수록 화가 치민 서왕모는 바람의 여신에게 명해 한바탕 광풍을 불게 하여 수박들을 모조리 날려버렸다. 바람에 날려간 수박들은 단숨에 안서安西 땅으로 떨어져 내리니, 이로부터 안서 지역은 수박의 집산지가 되었다. 뒷날 안서 지역이 과주瓜州라 불린 것은 이 때문이다.

수박을 안서 지역으로 날려 보낸 거센 바람은 동시에 돈황 지역으로 누런 모래를 실어왔기에, 그때부터 돈황은 '사주沙州'라 불렸다. 수박의 집산지가 되면서 안서 지역은 바람도 자주 불어대 '바람 창고'가 되어버린 반면 돈황은 바람이 잦아들었는데, 이러한 날씨는 오늘날까지도 여전하다.

필자가 돈황에 머물던 8박9일 동안 그곳에 바람다운 바람이 불었던 적은 없었던 것으로 기억한다. 그러나 돈황을 떠나 주천酒泉으로 가는 도중 잠깐 들렀던 안서는 과연 거센 바람이 끊임없이 불어대고 있었다. 타고 가던 버스에 폭발물이 설치되어 있다는 정보가 입수되어(나중에 잘못된 정보로 밝혀졌음) 승객 전원이 차에서 내려 안서 부근 고비사막에서 한 시간여 동안 공안의 도착을 기다린 적이 있었는데, 그 시간 내내 어찌나 바람이 윙윙대며 불어대는지 쓰고 있던 모자의 턱 끈을 단단히 조여 매고 있어야 했다. 그런 바람이 단 일초도 쉬지 않고 불어댔고, 또 주위에는 어떤 바람막이 하나 없었기에 한번

돈황에서 안서 가는 길

모자가 날아가 버리면 절대 주워오지 못할 것이기 때문이었다. 불과 100킬로미터 정도밖에 떨어져 있지 않은, 똑같은 사막의 오아시스인 이 두 도시 사이에 그토록 큰 차이가 나는 것은 정말 서왕모의 시샘 때문이라도 되는 것일까?